U0058018

教育行政倫理

蔡進雄　著

作者簡介

蔡進雄

◎籍　貫

台灣省雲林縣

◎最高學歷

國立台灣師範大學教育研究所博士

◎現　職

天主教輔仁大學教育領導與發展研究所專任副教授兼所長

◎經　歷

雲林縣東勢國中教師、國立新莊高中導師、教學組長、校長室祕書、圖書館主任、輔導主任、教務主任、國立空中大學兼任助理教授、國立台灣師範大學 95 學年度台北市中學校長培育班「教育行政倫理」授課副教授、國立政治大學教師研習中心「中學教師第二專長班」授課副教授、國立台東師範學院教育研究所專任助理教授、中華民國學校行政研究學會理事、縣市國中小校務評鑑委員、國立高級中學學校校長遴選考評小組委員小組召集人

◎榮　譽

曾榮獲台灣省教育廳教育學術論文比賽特優、台灣省教育廳獎勵教育人員研究著作論文比賽優等、國科會專題研究獎助、輔仁大學教

師及研究人員研究成果獎勵、輔仁大學文學院教學績優獎、輔仁大學
教學成果獎

◎ 專書著作

蔡進雄（2000）。**轉型領導與學校效能**。台北：師大書苑。

蔡進雄（2001）。**學校教育與行政**。台北：商鼎。

蔡進雄（2001）。**學校行政領導**。台北：師大書苑。

蔡進雄（2003）。**學校行政與教學研究**。高雄：復文。

蔡進雄（2005）。**學校領導理論研究**。台北：師大書苑。

自序

　　近年來，各領域之專業倫理，如企業倫理或醫學倫理，均備受社會大眾的矚目，而教育行政倫理亦逐漸受到教育行政人員的關注，但國內教育行政領域一直缺乏較為有系統的教育行政倫理專書，且因對象不同，企業倫理、公務倫理或其他領域的倫理問題並不完全適用於教育行政領域，是故，教育行政應該有其自己獨特的倫理內涵及議題，本書即在此動機之下進行撰寫，希望對教育行政倫理學能略盡個人棉薄之力。

　　本書計有十三章，內容包括教育行政倫理的基本概念、教育行政人員倫理守則、倫理兩難、倫理氣氛、組織正義、倫理決定、關懷倫理、正義倫理、教育行政的評鑑倫理、教育行政倫理的課程設計與教學、教育行政倫理研究的回顧與未來發展等。教育行政倫理學是教育行政學與倫理學的整合，可探討的內容與理論相當豐富，本書無法全部包括在內，讀者或可從本書得到相關知識，再進一步探索其他教育行政倫理之議題或理論。

　　書中最後附上教育行政倫理的問題與討論及教育行政倫理案例，前者是筆者在研究所課堂上列出的討論問題，研究生反應頗佳，因此希望能對讀者提供一些教育行政倫理的討論與思考方向；後者感謝國立台灣師範大學 95 學年度台北市中學校長培育班參與進修的主任，以及筆者曾指導的研究生提供案例，其中有幾則案例是筆者撰寫的，這些案例都是中小學可能會發生的現象，並非指定對象，希望讀者不要對號入座。

　　本書的出版，筆者心中感到無比的高興，感謝研究所階段指導過筆者的吳清基博士，踏入學術界後，感謝輔仁大學教育領導與發展研究所林思伶教授、林梅琴教授、師培中心林偉人教授、林吉基教授、

潘清德教授、徐靜嫻教授、台灣師大謝文全教授、游進年教授、洪仁進教授、張民杰教授、政治大學陳木金教授、台北教大林新發教授、張芳全教授、孫志麟教授、市北教大吳清山教授、林天祐教授、慈濟大學高強華教授、文化大學梁恆正教授、陳寶山教授、新竹教大顏國樑教授、中正大學林明地教授、高雄師大蔡培村教授、屏東教大張慶勳教授、台東大學何俊青教授等師長好友平日的指導與鼓勵；感謝本所靜如祕書、慧蓉秘書的教學支援；感謝研究助理蔡雅文過去一年的協助及校稿；感謝心理出版社慨允出版本書，林敬堯總編輯及林怡倩小姐的協助亦一併致謝；感謝內人黃惠鈴老師對家庭的付出及寫作點子的提供，筆者心中無限感激；識字不多的父母，應該看不懂這本書，但您們勤勞耕種、少有抱怨、平易樸實的農夫精神，是給我這一輩子最好的身教，您們的養育之恩豈是感謝兩字所能表達。

　　感謝母校雲林縣四湖鄉東光國小的栽培，所以筆者要將本書的所有版稅捐給母校，以獎勵偏遠地區學童之學習。

　　筆者才疏學淺，書中闕漏之處恐難避免，尚祈教育先進不吝指正。

蔡進雄

於輔仁大學教育領導與發展研究所

目錄 ——————————————— CONTENTS

Chapter 1

chapter

1 教育行政倫理的
基本概念

壹、前言

倫理是行政的基礎，行政績效與行政人員的倫理行為實有密不可分之關係。因此，各國對執行公共服務（public service）的行政人員莫不予以相關的道德倫理規範，希望使公務人員在執行職務時能有所遵循，避免行為偏差，而使公眾的權益受損。此外，並希望藉由行政人員倫理觀與倫理行為的提升，期使行政績效有效提高（張石光，2000：31）。吳清山（2002a：27）亦認為倫理規範是維繫社會有效和健全運作的重要防線，而學校是一個傳遞文化的場所，倫理道德也更凸顯其重要性，職此之故，學校行政倫理將會成為學校行政研究的重要課題。

哥倫比亞大學商學研究所曾對二十個國家，1,500 位經理人所作的一項調查報告指出，這些經理人都把倫理道德列為 2000 年理想企業執行長（CEO）的第一項特徵（李春旺，2005：224）。做為領導者，其行為必須合乎倫理道德，其中理由之一是，倫理道德是領導者所應該做的；另一個理由是，如果做不到，就會失去別人對領導者的尊敬、信任和信賴，而使領導者失去領導力（黃漢耀譯，2000：128）。罔顧倫理的人，無法成為成功的領導者（吳秉恩，2006：30）。近年來，教育行政理論與實務亦逐漸強調教育領導的倫理面向（林明地，1999；蔡進雄，2003a，2004a；謝文全，1998；Campbell,

1997; Maxcy, 2002; Quick & Normore, 2004; Sergiovanni, 1992; Shapiro & Stefkovich, 2005）。質言之，不管教育行政機關或學校，倘若行政人員具備完整的專業知能和良好的倫理道德，則整個教育行政工作將極為順暢，而且更容易促進教育目標的實現；尤其教育行政人員道德倫理行為關係到師生福祉，更有其探索之必要（吳清山，2006a：71）。

　　環顧與學校行政及教育行政關聯性較多的公共行政學或管理學，其在行政倫理或企業倫理之探討相當多，近年來國內教育行政倫理之議題亦逐漸受到重視。Greenfield 曾指出，學校行政必須慎重符合倫理的五項理由（引自林明地，1999）：

1. 學校為道德的機構，肩負道德社會化的重要功能。
2. 學習者多未成年，且多數沒有就學與否的自我選擇機會。
3. 學校行政人員是道德的代理人（moral agents），為道德的行動者，有責任從事有意識的道德行動。
4. 學校倫理道德的觀念已列入美國學校行政人員的倫理宣言（the statement of ethics for school administration）之規準中。
5. 學校領導者的工作每天幾乎都面對數量不一、程度不同的道德價值衝突。

　　基於上述，本章擬先探討倫理的意涵、倫理學的性質、教育行政倫理的意涵，其次闡明教育行政倫理的重要性及教育行政倫理的多面向思維，之後探討學校行政倫理的建立，最後說明法律與倫理的關係，以做為教育行政人員的參考。

貳、倫理的意涵

　　我們常會把倫理與道德混為一談，諸多學者之所以不區分道德與倫理之差別，乃因無詳細區分二者之必要。在英文中，ethics 與 morality 是同義的，兩者都是好行為立義。甚至在 *Weber's New Collegiate*

Dictionary 中，二者互為註解。而在中文，有將 ethics 譯為倫理，而將 morality 譯為道德的傾向，而在使用上也有互用互通的傾向了（王秉鈞，1998：383），基於此，本書亦將倫理與道德交互使用，並視為同義詞。簡言之，談到「倫理」時，多多少少會涉及到「意志自由」、「責任」、「義務」、「價值」、「道德」和「標準」等議題，這也是從事專門職業所不可避免的實際問題（吳清山，1997：45）。

綜言之，倫理通乎道德（賈馥茗，2004：7），道德與倫理這兩個概念，無論是在中文或西文，一般並不做很嚴格的區分，它們都是關乎人們行為品質的善惡正邪，乃至生活方式、生命意義和終極關切（何懷宏，2002：8）。因此，本書並不嚴格區分倫理與道德的差別，而將倫理與道德視為同義詞。

參、倫理學的性質

倫理學家們對於倫理學的看法，實是南轅北轍，各不相謀（王臣瑞，1995：2），而教育研究領域中較常出現的倫理學的哲學概念是目的論、義務論、德行論、關懷論及批判論（傅寶宏，2002：4），茲分別簡述如下（蔡進雄，2005a：106-108）。

一、目的論（teleology）

目的論是屬於結果論（consequentialism），不承認道德義務或道德行為本身的正當性，能夠脫離道德行為所產出的結果，快樂主義（hedonism）與功利主義（utilitarianism）皆屬於目的論（蕭武桐，1995：10）。目的論者主張在做一項決定時，應考量大多數的最大利益，並以行為結果做為判斷的標準（陳延興，2000）。

二、義務論（deontology）

　　主張道德行為的對錯或道德義務之標準，完全在於該行為規則本身之正當性或義務性，這一派倫理學說，最重要的代表是康德哲學（Kantism）（蕭武桐，1995：11）。義務論者認為決定行為倫理品質的因素除了行為結果外，還有其他的因素，如行為者的動機、行為本身的某些特質、行為是否符合大眾所公認的道德規範（郭玉霞，2001：385-386）。

三、德行論（virtue）

　　德行倫理學則是另一種不同的研究取向，它強調道德人格的優位性，因此它關注的是「行為者」（agent），而不是「行為」的性質或特點，其重點不在於「我們應該做什麼」，而是「我應該要成為什麼樣的人」（林火旺，2001）。德行論主張人不只是遵守義務，還要親自實踐道德行為，藉此養成良好道德習慣，成為個性中的一部分，此即為德性或美德（沈清松，1996）。

四、關懷倫理（caring ethics）

　　在 1980 年代出現的倫理觀點是關懷（caring）的觀點，這種觀點始自 Gilligan（1982）的著作《不同的語音》（*In a Different Voice*），而至 Noddings（1984）始在教育領域漸受重視。Noddings 批評傳統的倫理學觀點均強調理性，而貶低感情、個人生活的價值，這些論點剝奪了人性，因為它們忽略人與人之間的接觸、投射作用或同為一體的感覺等等。換言之，關懷倫理是從關係的研究開始，其基本關心的議題是人與人如何接觸，以及如何相互對待（郭玉霞，2001：386-387）。

五、批判倫理（critique ethics）

批判倫理學強調所有事件都不是中性的，在這些事件中，有的人會獲利較多，而有些人的利益就會被犧牲掉，因此基於批判倫理學，我們所面對的倫理學挑戰是，如何使這些社會事件，更能回應所有人與社會的權利，使那些受到社會事件影響的人，都有表達意見、評估事件結果及其對自身之影響的機會。批判倫理運用到教育行政上，就是對教育制度中種種不合理的現象，依理性的方式加以批判，並促使行政人員意識到權力與特權、利益與影響力的被合法化安排（吳清山，2001：193；林明地，1999：139-140；Starratt, 1991）。

以上所述之目的論、義務論、德行論、關懷倫理及批判倫理，不僅是倫理學的重要內涵，更是教育行政倫理及倫理道德領導的主要依據。

肆、教育行政倫理的意涵

由於教育行政與學校行政並不易區分，兩者探討內容之重疊性很高，因此本書將教育行政與學校行政二詞交互使用，筆者參酌各家之言（秦夢群，1997：12；謝文全，2003：3），將教育行政定義為：教育行政人員能體察組織內外在環境，透過計畫、組織、溝通、領導、評鑑等行政歷程，並結合各種資源，以解決教育問題、達成教育目的。為進一步了解教育行政倫理的意涵，以下先引述若干學者專家對行政倫理及教育行政倫理的觀點，最後筆者再提出個人的看法。

Nigro 和 Nigro（1989: 49）認為，行政倫理是執行政策和手段，而反應在價值的選擇及行為的具體標準（蕭武桐，1995：11）。

卜達海（1988：658）指出，所謂行政倫理是行政機關中，人與人之間維持正常角色關係的條理與規範，也就是公務人員在行政體系中，對國家、對團體、對長官、對同事、對部屬、對朋友，所應扮演

的角色職分和相互關係的份際，一般包括負責、守法、忠誠、友愛、服務等內涵。

邱華君（1995：224）認為，行政倫理乃社會倫理體系中，有關行政行為者，亦即有關行政行為的價值體系，適用到任何性質、高低的職位之上，其目的在於加強公務人員對公益的服務、增加或維持公眾的信心與責任。

林鍾沂（2002：617）陳述行政倫理係指，行政人員或組織為其行為和決策的對錯與好壞，所進行的一種反思和原則取向的規範判斷。

蕭武桐（2002：14）指出，行政倫理或公務倫理是有關公務員在公務系統中，如何建立適當及正確的行政責任之行為。

吳清基（1990：1）認為，有關教育行為倫理的內容，可分狹義及廣義二個層面來講。大體上，狹義的認定是強調消極性不犯過，重視來自外在的限制與規範要求；廣義的認定則指積極性的有為有守，強調發自內心的自我認定與社會期許。

傅寶宏（2002：29）將學校行政倫理定義為，學校行政人員在行政體系中，尊重他人，建立明確的責任，以創新且符合道德規範的行為，提升行政能力追求卓越的學校經營品質。

馮丰儀（2006：163）則指出，學校行政倫理是學校行政人員認知社會期望與專業團體規範，並將整合內化至自身的價值體系，於行使專業自主、應用專業知能，從事教育行政實踐、解決倫理兩難問題自發遵守的行為規範與重要指引，並會隨著時間與情境脈絡有所調整。

綜上所述，筆者認為教育行政倫理是倫理學概念與教育行政學概念的結合，是教育行政人員在行政運作過程中融入倫理的考量，使行政作為或決定能依循倫理規範與原則，表現出正確而正當的行為，並積極盡責且追求創新，為學生謀取最大的利益，以促進教育目標的達成（蔡進雄，2004a）。

承上所述教育行政倫理之定義，可進一步以學校行政倫理的三度空間概念圖加以說明。如圖 1-1 所示，學校行政內容包括教務、學生事務、輔導、總務、會計人事、公關及校務發展等，且任何學校行政事務內容均涉及計畫、組織、決定及評鑑等行政歷程。除了學校行政歷程外，學校行政運作還應融入效益論、義務論、關懷倫理、正義倫理及批判倫理等行政倫理之內涵。再者，學校是開放系統而非封閉系統，因此學校行政倫理還要顧及外在環境及時空的變化，而最重要的是，學校教育的主體是學生，因此各種學校行政倫理決定應以學生最大利益為首要之考量。

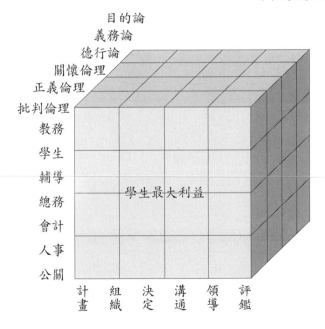

圖 1-1　學校行政倫理的三度空間概念圖
資料來源：筆者自行整理

伍、教育行政倫理的重要性

以下就從「教育領導應建立在倫理的基礎之上」、「學校是道德教育的組織」、「沒有倫理引導的學校行政領導是盲目的」、「以德服人勝於以勢服人及以術服人」、「維護學生的最大利益」等方面闡述教育行政倫理的重要性。

一、教育領導應建立在倫理的基礎之上

領導應以道德倫理為基礎，領導者應有的基本專業道德修養，包括：(1)身先士卒，為人表率；(2)言而有信，堅守原則；(3)有容乃大，無欲則剛；(4)不屈不撓，任勞任怨（鄭照順，2007：24）。

質言之，教育領導應以倫理道德為基礎，欠缺倫理的教育領導是無法服眾且無效的，所能產生的影響力亦是有限的，是故未來教育領導應強調倫理領導的重要性及其研究與實踐。

二、學校是道德教育的組織

學校教育目標強調「德智體群美」五育並重，其中又以德育居先，所以學校是一道德教育機構，是故學校行政領導者之所作所為應該符合倫理道德規範，表現出正確恰當的行為，如此才能做為師生的表率。

三、沒有倫理引導的教育行政領導是盲目的

倫理領導是決策的靈魂（Hudson, 1997）。倫理涉及價值判斷，因此熟悉各種倫理取向，可做為教育領導者行政決定之依據及參考。Sergiovanni（1992）曾陳述領導之手、領導之頭、領導之心之概念，頗受大家的引用；Sergiovanni認為領導行為只是領導之手，價值觀與信念是領導之心，而領導之手是受領導之心來指揮的。因此，要改善或修正領導行為最根本的方法，是培養領導者正確的倫理及價值信

念，以引導校長做對的事（to do the right things）（蔡進雄，2005a：115-116）。可見，沒有倫理及價值引導的學校行政領導是盲目的。

四、以德服人勝於以勢服人及以術服人

領導方式下焉者是權術領導，靠手腕、以「術」來服人；中焉者靠能力、學問、職務賦予的權威來領導，亦即以「勢」服人；而以「德」服人，人格的領導，才是上焉的行政領導（郭為藩，1992：260）。如圖 1-2 所示，Etzioni 所提出的順從理論（compliance theory）也認為組織運用強制權力（coercive power）產生敵意，導致疏離的投入，功利權力（utilitarian power）產生算計的投入，而規範權力（normative power）創造道德投入（Lunenburg & Ornstein, 2004：64）。值得注意的是，學校如太強調使用強制型權力，則容易造成師生間心理疏遠的現象，在教育實質上所付出的代價必大（黃昆輝，1989：144）。

	強制	功利	規範
疏離	×		
算計		×	
道德			×

圖 1-2　Etzioni 的順從類型
資料來源：Lunenburg & Ornstein (2004: 64)

質言之，疏離型組織之成員消極、不快樂，而且不想要成為團體一員；算計型組織之成員不斷評估成為團體一份子或不再歸屬於團體的利弊得失；而道德型組織之成員會為大我而犧牲小我（吳秉恩，2006：177）。因此，教育領導者應該以德來服人，而盡量不要靠術、勢服人或以強制方式來使成員順從。

五、維護學生的最大利益

學校行政人員透過倫理決定，兼顧公正、公平與人道的倫理原則，以保障學生的學習權利（范熾文，2000：57）。換言之，學校存在的目的與價值在於，透過適當的教育與教學使學生成長，而學校行政倫理的積極目的，也是在於促進學生的學習並維護學生的最大利益。Shapiro 和 Stefkovich（2005）也是持同樣的看法，他們認為在探討各種教育專業倫理時，應該以學生的最大利益（best interests of the student）為最核心的考量。

陸、教育行政倫理的多面向思維

Yukl（2006）在《組織領導》（*Leadership in Organizations*）一書中提到倫理領導的多項規準，值得參考。由表 1-1 可知，在領導者權力之運用方面，倫理領導是服務追隨者及組織，而非倫理領導是滿足個人的需求；在處理多元利害關係人之利益方面，倫理領導是設法平衡與統整，而非倫理領導是偏袒能提供最大利益的結盟夥伴；在組織願景的發展方面，倫理領導是考量追隨者的需求、價值及想法，而非倫理領導僅推銷領導者的願景；在發展追隨者的能力方面，倫理領導是運用指導等各種方式使成員能力獲得開展，而非倫理領導是使成員軟弱並依賴領導者。

Ferrell、Fraedrich 和 Ferrell 提出強勢倫理領導人的七個氣質為（黎正中譯，2008：133-136）：

1. 倫理領導人都有堅強的個人品格。
2. 倫理領導人都有一個做對的事的熱情。
3. 倫理領導人都是積極主動。
4. 倫理領導人都會考量利害關係人的利益。
5. 倫理領導人都是組織價值的模範。

表 1-1　評量倫理領導的規準

規準	倫理領導	非倫理領導
領導者權力與影響力的使用	服務追隨者及組織	滿足個人需求及生涯目標
處理多元利害關係人的不同利益	設法平衡與統整	偏袒能提供最大利益的結盟夥伴
組織願景的發展	基於追隨者的需求、價值及想法	設法推銷自己的願景，並視為組織成功的唯一方式
領導者行為的正直	行動與信奉價值一致	做有助於獲取自己目標的事
領導者決定與行為的冒險	願意冒個人風險並做必要的決定	避免涉及領導者個人風險的決定或行動
相關訊息運作的溝通	對於事件、問題及行動，做完全和及時的訊息公開	對於問題及進展，使用欺騙及扭曲以左右追隨者的知覺
回應追隨者的批評與異見	鼓勵批判性的評鑑，以找到更好的解決方式	不鼓勵並壓抑任何的批評及異見
追隨者技能與自信的發展	使用教練、指導及訓練來發展追隨者	使追隨者軟弱並依賴領導者

資料來源：Yukl (2006: 424)

　　6. 倫理領導人都是透明的，並主動參與組織的決策訂定。

　　7. 倫理領導人都是具全方位公司倫理文化觀的有能力管理者。

　　Calabrese（1988）指出，校長的倫理指引包括：對所有成員的尊重、容忍多元的意見與文化、人人平等、資源的公平分配。Lashway（1996: 118-123）認為，七大領導者之德性為誠實、忠誠、勇氣、尊重、關懷、正義及謙恭。Shriberg、Shriberg 和 Kumari 提出五種倫理決策的導引，分別是：權利理論、公益理論、公正理論、功利途徑及德行倫理途徑（吳秉恩，2006：42-43）。Shapiro 和 Stefkovich（2005）則從正義倫理、關懷倫理、批判倫理及專業倫理等多元典範來討論各種複雜的教育兩難問題。Strike、Haller 和 Soltis（1988）在《學校行政倫理》（*The Ethics of School Administration*）一書中，主

要是以最大利益原則及平等尊重原則兩大取向，來探討書中所呈現的各種學校行政案例（謝文全等譯，2002）。

基於前述的各種倫理面向，並參酌倫理學及教育行政學相關文獻，提出以下七項學校行政倫理領導的多面向思維，分述如下（蔡進雄，2007a）。

一、基於效益論，為學生謀取最大利益

效益論之倫理學認為，倫理行為最重要的目的是效益（utility），區別一件事情的善惡依據，在於一個行為是不是能夠達到最大的效益，換言之，就是最大多數人獲得最大的效益（沈清松，2004：219-220）。就效益論而言，學校行政人員於公務運作中，應以多數人的利益考量，追求組織整體效益之極大化（傅寶宏，2002：9）。準此而論，學校行政領導者在面對學校組織之各利害關係人及進行各項行政決定時，應基於效益論，為大多數的學生謀取最大的利益。

二、基於義務論，本著教育良心積極從事教育工作

義務論是本著為道德而道德、為義務而義務（沈清松，2004：197）。Kant 強調，我們不論做什麼事，絕不應為邀功牟利，也不應為保護名聲，或者投自己所好。他曾以商人售貨為例說，商人不應為保持童叟無欺的美名，所以才童叟無欺；他應視童叟無欺是他的義務，這樣，他的行為才有道德價值（王臣瑞，1995：196）。職此之故，學校領導者應該基於義務論，本著教育良心積極從事學校行政領導工作，而非為外在的褒貶及獎懲，並善盡自己的職責為義務而行，這才是學校行政領導的較高境界。

三、基於德行論，修己以德服人

德行倫理學要求人具有理想的情操、高遠的氣質，以人格典範為追求的目標（林火旺，2001：168）。徐瑋伶、黃敏萍、鄭伯壎和樊

景立（2006：141）研究指出，華人企業組織中的德行領導包括公平無私、正直不阿、廉潔不苟、誠信不欺、心胸開闊、盡責模範等六個向度，可做為學校領導者的參考。

質言之，校長是師生的行為模範者，也是社區民眾所敬重的對象，社會上對校長的道德期望也比較高，因此在道德行為及品行操守方面，校長須自我要求，自許成為社區及全校師生的道德模範者（蔡進雄，2003b：31-31）。因此，學校行政領導者應基於德行論，修己並以德行服人。

四、基於關懷倫理，建立良好人際關係、協助成員自我實現

關懷倫理首先是由 Gilligan 於 1982 年所提出，Noddings 則是在 1984 年提出女性進路的關懷倫理學及其在道德教育上的實踐主張，她想要從人際關係間的相遇、接納、承諾、回應等互動中，建構一個微觀的、具體處境的、重視人際關係、情意交流取向的倫理學（方志華，2004：295；Noddings, 1984）。關懷別人常使人表現超乎他人期待或超過自己義務的支持性反應；相較之下，根據正義所予的報酬則是無熱情的、一絲不苟的。關懷取向的道德思考在有情世界似乎更能化解對立與衝突（葉紹國，1996：277）。因此，關懷倫理對於學校行政領導更具有其價值性，而關懷倫理學所認取的最有意義的關懷是幫助對方成長和自我實現（方志華，2004：160）。是故，學校行政領導者應基於關懷倫理，平時多關懷教師、傾聽教師的聲音，與成員建立良好的人際關係，並積極協助教師自我實現。

五、基於正義倫理，能公平理性處理事情

正義本質上具有公正、公平、正直等意涵（吳清山、林天祐，2003a：152）。蕭武桐（2002：253）也指出，正義理論注重政策或行動分配的效果，決策者必須公正、公平、無私地依據公平分配原則、公正管理原則及賠償原則去處理公務。

正義的推理取向，視人為分立，以角色之權利義務、公平互惠為思考重點，且援引公正的法條、原則或標準來解決衝突（葉紹國，1996：273；Lyons, 1988: 35）。總之，依正義倫理而言，學校行政領導者應恪遵法規，摒除個人利益，以公平公正及理性之態度處理行政事務及問題。

六、基於批判倫理，經常自省及改進

批判倫理即批判精神，對不合理處敢做理性的檢討改善。學校是人的集合體，人非聖賢孰能無過，但過而能改則善莫大焉。因此行政人員發現學校有缺失時，應勇於批評，找出問題的原因並對症下藥（謝文全，1998：239）。亦即，學校行政領導者應基於批判倫理，對於學校之不公、不正、不義之事勇於反省與批判，對於錯誤的意識型態及習以為常的不合理事情也能質疑並加以改善。

七、基於權利倫理，顧及成員的權利

權利倫理或者所謂的「以權利為基礎的道德」，是為了避免個人遭受他人或道德集體主義的攻擊而設計出來的一套規範人我互動的系統，使得人權得到穩定的保護。個人也因人權的保障而有了基本的道德地位，而以獨立而非依賴的面貌與人互敬、互助（林逢祺，2000：135）。所以，學校行政領導者在進行決策時必須保護所有相關人等的基本道德權利，包括：了解與自己有關情事真相的權利、隱私權、免於傷害的權利、對於已承諾之合約或協議事項的權利等（吳秉恩，2006：42）。易言之，在個人權利意識逐漸高漲的時代，學校行政領導者必須基於權利倫理，顧及並保障學校成員應有的相關權利。

倫理是做人的基本道理（賈馥茗，2004：4）。倫理亦是學校領導的核心，缺乏倫理的指引與規範，學校行政領導將會失去方向而隨波逐流，嚴重者更有可能發生違法亂紀之情事。所以，學校行政倫理

之探討有其必要性，學校領導者更應熟悉教育行政倫理之各種理論，才能在面對各種行政倫理議題時，表現出合乎規範的行為，並做出較佳且有智慧的倫理決定。基於此，以上提出七項教育行政倫理領導的多面向思維，分別是：(1)基於效益論，為學生謀取最大利益；(2)基於義務論，本著教育良心積極從事教育工作；(3)基於德行論，修己以德服人；(4)基於關懷倫理，建立良好人際關係、協助成員自我實現；(5)基於正義倫理，能公平理性處理事情；(6)基於批判倫理，經常自省及改進；(7)基於權利倫理，顧及成員的權利。

柒、學校行政倫理的建立

以下就針對如何建立學校行政倫理，從社會層面、教育專業團體、學校行政人員及學校校長等方面加以闡述（蔡進雄，2004a）。

一、就社會層面而言

一個社會究竟重視先天地位或是功能地位，對於行政倫理亦有不同之影響。例如重視先天地位之農業社會，則人民較重視特殊關係，行政倫理較難建立；反之重視功能地位之現代化社會，則比較重視普遍關係，因此行政倫理較易建立（陳恩澤，1995：476）。再者，如果社會大眾人人皆有守法精神，依法行事的習慣，不走旁門，不靠特權，則社會的不良風氣便自然消弭於無形，社會風氣自然乾淨起來（吳復新，1996：300），而學校行政倫理自然就容易建立起來了。

如果社會笑貧不笑娼，以物質條件來衡量社會地位，則公務員將易受物質誘惑（蕭武桐，1995：312）。質言之，學校組織是整個大社會系統的一環，因此外部社會風氣及價值觀會影響學校行政倫理的推動。所以，如何重建良好的社會風氣，以利學校行政倫理的提升，是非常艱鉅且重要的課題。

二、就教育專業團體而言

　　就教育專業團體在建立學校行政倫理方面，其最大的責任便是訂定學校行政人員倫理守則，以約束並規範成員的行為。學者 Finer 也強調，過度依賴行政人員的良心或主觀道德責任感，只會導致權力的濫用，因此必須使用政治與法律制度，來強化管理上的控制，並加強績效的評估程序及更多社會化的過程（蕭武桐，2002：89）。吳清山（2001：185）指出，教育行政人員所從事的是一項「百年樹人」的工作，其道德標準與情操的要求比一般行業為高，若沒有一套倫理準則來規範教育行政人員的行為，則對整個教育工作的效果可能產生很不利的影響，導致整個學校組織的潰散，最後，受害者是無辜的第三者——學生。

　　值得注意的是，學校行政倫理守則與一般公務人員的倫理守則應有所區隔，其原因在於所服務的對象不同，前者每日面對的是學校教師與學生，而後者面對是一般民眾。

三、就學校行政人員層面而言

(一) 以學生福祉及支援教學為核心

　　學生是學校教育的主體，學校行政人員必須認清行政工作最後的目的是在服務學生並協助學生成長，而且要處處以學生的最大利益（best interests of the student）做為優先考量（Shapiro & Stefkovich, 2005: 24）。此外，學校行政人員應秉持「行政是手段，教學才是目的」的價值觀念，這是學校行政與一般公共行政最大的差異，因此學校行政人員應以提供教師良好的教學環境為工作核心重點。

　　「檢肅貪瀆」是消極的公務道德規範，「加強為民服務」及「增進行政效能」」是積極的行政倫理的要求（蕭武桐，1995：序）。職此之故，學校行政人員應主動積極為師生服務，以促進學校效能及教

育目標的達成,這才是學校行政倫理的展現。

(二) 避免不倫理行為

不倫理行為的判斷標準應該包含三種類型:(1)違反法的規範,導致可以依法予以制裁的種種行為;(2)違反當地社會所賴以維護善良風俗的倫理道德基本原則的種種行為;(3)一個人為了對親戚、朋友、階級、政治、宗教或種族的責任感,而屈從於潛伏的、明顯的,甚至感受的壓力下,所採取的種種行為。因此,不倫理的行為,不僅僅包括那些在法律觀點之下毫無疑問的犯罪行為,例如:收受賄賂、侵吞公款,而且還包括許多其他不當行為,諸如:圖利他人、任用私人、濫用影響力、利用職權尋求享樂、對親戚朋友施以恩惠、洩漏或濫用公務機密等(蕭武桐,1995:296-298)。

由上述可知,學校行政人員在從事行政工作時,要清清楚楚知道什麼是倫理行為、什麼是不倫理行為。此外,教師兼任組長或主任就具有公務員的身分,享有一般公務人員的福利(如休假),因此應熟知並遵守公務員服務法之相關規定。

(三) 熟知倫理學的內涵

英國哲學家培根(F. Bacon)在〈談讀書〉一文中曾言:「歷史使人聰明;詩歌使人富於想像;數學使人精確;自然哲學使人深刻;倫理學使人莊重;邏輯學和修辭學使人善辯。」(李光億譯,1992:160)。因此,學校行政人員除了對教育行政學之相關理論有所認識外,對於倫理學之基本概念如效益論、義務論、正義倫理、關懷倫理及批判倫理等(林火旺,2001;Starratt, 1991;Strike, Haller & Soltis, 1998),也要有所了解,如此不僅可以讓自己在舉止態度更為莊重,更能在面臨一些行政問題及價值決定選擇時,有定見而不會隨波逐流。

四、就學校校長而言

(一) 採取道德領導

我國素極重視以「德」服人，而非以「力」服人。所以，校長除了必備的知能外，尚須有健全的品格及高尚的道德（黃振球，1992：81）。

學校的教師之個人道德修養要比一般人好，而校長的道德修養又要比教師好，這是一般社會的評價（沈銀和，2000：10-11）。換言之，校長應該是師生的行為模範者，因此在道德行為及品行操守方面，校長須自我要求。總之，所謂：「君子之德風，小人之德草，草上之風必偃。」校長採用道德領導，對於建立學校行政倫理絕對有正面良好的影響。

(二) 行政裁量權的倫理考量

公務員透過行政裁量權的使用，自由斟酌，基於行政的目的，在法律積極明示之授權或消極的默許範圍之內，選擇自己認為正確的行為及合義務性的行為。在選擇過程的同時，反映著公務員的價值判斷，所以裁量權就形成公務倫理的核心（蕭武桐，2002：283）。

目前學校已朝向本位管理的方向發展後，在課程及教學等方面校長比以往擁有更多的行政裁量權，校長在做任何的行政裁量時，應考量Rawls所提出的二個正義原則：第一是平等權利原則，即每個人對於所有人所擁有最廣泛之基本自由平等權利體系，和相容的類似自由體系，都應有平等的權利；第二是差別原則，即最少受惠者應提供最大期望利益；在公正機會條件之下，所有的職位及地位應向所有的人開放（蕭武桐，1995：105；Rawls, 1975: 94-99）。職此之故，校長在做任何行政裁量權時，應以全體學生之最大利益為考量，且在合法合理的範圍內盡量照顧到弱勢學生。

學校行政倫理是一永不褪色的議題，其原因之一是學校本身是道德教育機構，其二是在強調物質勝於精神及多元價值的社會，更需要建立正確的學校行政倫理觀，使學校成為引導社會發展的清流，其三是學校行政不只是一項技術性工作而已，學校行政人員及領導者時常面臨一些倫理道德的兩難問題（moral dilemma），需要運用倫理學的概念，才能有效地分析處理（蔡進雄，2004a）。

學校行政倫理的建立與提升需要多方面的共同努力，才能有效達成。校園圍牆外之社會風氣要改善；教育專業團體須擬定學校行政倫理守則；學校行政人員要「有所為」、「有所不為」，在「有所為」方面應積極創新，為師生營造良好的教與學環境，在諸多兩難之行政問題中做好倫理抉擇，以促進教育目標的達成，在「有所不為」方面應避免違法行為，不徇私舞弊，並善盡職責；而學校校長是建立學校行政倫理的關鍵人物，應採取道德領導，並在運用行政裁量權時融入倫理的考量，以建立學校行政倫理（蔡進雄，2004a）。

捌、法律與倫理的關係

大抵而言，倫理與法律的關係可以從下列幾項說明（林火旺，2006；莊道明，1996）。

一、法律與倫理都是一種行為的規範

倫理的行為規範是積極性，而法律則是消極性。誠如德國哲學家 Kant 所言，人對於限制自由的律法是不歡迎的，法律是由第三者制定，而加諸於他人身上，因此不受個體的歡迎，人人唯恐避之而不及，而倫理則是個人透過自我理性思維發現的律法，個人出於自願而願意遵守（莊道明，1996：35）。道德與法律是維護人類社會和諧秩序的兩個輪子或兩個翅膀，缺一不可。道德是柔性的法律，重在自

律;法律是剛性的道德,重在他律(歐陽教,1992:107)。

二、違反法律與倫理時制裁方式不同

　　政府是執行法律的單位,違法者要受到政府公權力有形的制裁,而倫理道德則是訴諸於個人良心,違反倫理不會受到公權力的制裁,而是受到社會大眾輿論無形的譴責(林火旺,2006:102)。換言之,犯法的人是接受法律的處分,而違犯道德規範的人可能會遭受自己良心的譴責或社會及鄰人的排擠(莊道明,1996:36)。

三、法律與倫理兩者有密切的關聯

　　倫理與法律是構成當今社會行為對錯判斷的兩大基礎,若將道德與法律做為人類行為判斷的兩大座標,則個人的行為判斷準則可區分成四個判斷區域,如圖 1-3 所示。

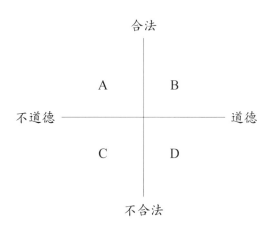

圖 1-3　行為規範的四個區域
資料來源:莊道明(1996:38)

　　個人行為若是在 B 與 C 兩個區域內,行為對錯的判斷上爭議最少,在B區中,行為既合於道德規範又合於法律規定,因此是正確行

為，例如孝順父母（莊道明，1996）。在 C 區域中的行為，不但違反道德規範且觸犯法律，顯然是錯誤的行為，例如殺人、搶劫。較為爭議的是 A 區域與 D 區域，在 A 區域的行為是合法但不道德，例如房東驅逐臥病在床且繳不起房租的老房客行為，是屬於合法但不道德的行為（沒有愛護鄰人）。在 D 區域是符合道德但違法的行為，例如英國傳說中的義盜羅賓漢（Robin Hood）劫富濟貧的行為，即是犯法但確是道德的行為（救濟貧人）（莊道明，1996：37-39）。

最理想、最適切的法律應該基於理性與道德原則，這才能顯示出大眾的法理心聲，也才能訂定出大家願意奉行不渝的良法。簡言之，如果剛性的法律與柔性的道德，能夠剛柔並濟，他律與自律相輔，一定能建設安和樂利的社會。反之，如果兩者各自扞格不入，悖理對抗，那麼法將不法，德也將不德，社會也將混亂不堪（歐陽教，1992：107-122）。

教育行政倫理

2 教育行政人員倫理守則

壹、專業倫理守則的涵義與功能

"professional code of ethics"一詞，有人翻譯為專業倫理守則，也有人稱為專業倫理準則或專業倫理信條，本書中，將稱為專業倫理守則。

由於專業人員在社會上享有較高的社會地位，且普遍受到人們尊重，專業人員也因此必須與其專業團體組織的自律下制定內規，來約束其成員與其所服務客戶之間互動的關係，以確保與其來往的客戶受到優質的服務，而這些內規就是所謂的「專業倫理守則」（黃藿，2004：5）。只要是一種專業領域，本身都應該發展出屬於自身的倫理信條，俾使成員加以遵守，以維護專業精神（陳敏麗，2006）。詹棟樑（2002：211）也指出，今日已進入規範的時代，也就是人們常說的：每一種行業都有行規。這種行規有時並不一定有法律基礎，但是它流傳於行業之中，成為有效的規範，其效率有時並不輸給法律。

Macmill 陳述專業倫理準則的三個特徵：(1)它是自發性實務工作者所形成和制定；(2)它超越了社會一般倫理準則，讓專業的成員了解其特定的責任；(3)當成員違反準則時，它提供被服務者要求賠償的一種機制，等於對違背者的制裁，係工作中應遵守的一套規則。所以，在各種專業工作中（如律師、醫師）都有一套倫理準則做為工作指引（吳清山、黃旭鈞，1999：45；Smith & Piele Eds., 1996）。

此外，行政倫理對公務人員的約束，歷來有主張內在控制及外在控制兩種，內在控制主張透過訓練及專業社會化，可以創造及強化公共服務的專業價值和標準，外在控制則假定個人判斷及專業標準下，不足以維持倫理行為，唯有設立法律及制度上控制的管理方法，才能造成責任行為。以倫理守則的方式來提升公務人員的倫理行為，是屬於外在控制的方式之一（戴楊健，1996）。倫理守則與法律的要求雖屬於外在的監督機制，並不能確保每個公務員均能信守不渝，但卻能明確地指出哪些行為是該做的，哪些行為是不可行的，是故對公務員的行政行為仍具有某些程度上的指引效用（蕭武桐、黃新福，1999：366）。

具體而言，教育行政人員倫理守則的功能可歸納六項：(1)做為教育行政達到專業化的象徵；(2)提供教育行政人員之行為規範與指引；(3)強化教育行政人員對教育行政倫理面向的意識；(4)提供教育行政人員自我檢視的依據；(5)做為教育行政人員專業評鑑之參考；(6)供設計教育行政倫理之參考（馮丰儀，2005：36-37）。

綜言之，專業倫理守則或行政倫理守則是由外控的途徑來規範成員，並具有引導作用，因此有其必要性。下一節就進一步闡述，如何研訂教育行政人員專業倫理守則。

貳、如何研訂教育行政人員專業倫理守則

雖然任何一套倫理行為準則，都無法把各種可能發生的情況包羅萬象（蕭武桐，2002：423），但仍有必要研訂教育行政人員的專業倫理守則，且有可以遵循的步驟或原則。

Rodger（1995）的教師專業倫理準則，提出制定教師專業倫理準則所必須考慮的基本問題，這些基本問題也是制定教育行政人員專業倫理準則所必須考慮的，這些基本問題分別為（吳清山、黃旭鈞，1999：45）：

1. 行為準則的目的為何：有利於公眾對專業的信任，有利於專業的績效責任，並提供標準給專業的認證，也可做為成員自我評鑑的方法等。

2. 行為準則的本質與形式為何：準則常以正向的語詞來描述專業的價值。

3. 行為準則的來源為何：行為準則的來源通常來自於專業團體的內部。

4. 行為準則的內容為何：行為準則的內容通常包括服務對象的福祉、所提供服務的適合性等。

5. 行為準則的威信為何：有時準則有宣示意圖的威信，因此若缺乏對成員的懲戒，則只能傾向用道德的勸說或同儕的勸說，或取消專業團體成員資格與執照。

6. 行為準則如何影響專業實施：準則在提醒專業成員實踐其專業義務方面是有益的，有人質疑因為由專業成員自身訂定標準，所以行為準則會降低專業水準，這意味著對成員的期望與成員自認為需要做的之間的落差。

7. 行為準則如何影響專業認同：雖然專業準則的存在與應用，本身可能就對專業自主有害，但基於對專業的認同，以及對專業價值有更確切的了解，準則有其存在的價值。

蕭武桐（2002：426）指出，編訂倫理行為守則應注意考慮下列幾個步驟：

1. 注意準則的要點，包括前言及列舉各種道德要目及預留彈性等。

2. 有關道德問題的法律或規定，以及人事管理辦法，宜盡量蒐集以做為參考。

3. 準則中鄭重聲明，沒有列入準則或未為準則所禁止的不倫理行為，並不表示等於默許。

4. 在準則編擬過程中，應與公務員組成的有關團體相磋商。

5. 在擬好倫理行為準則草案之後,將草案分發給所有公務員,要求提供意見。

6. 準則制定後,就運用情形經常檢討並適時修訂,求其充實與完整。

吳清山和黃旭鈞(1999:47-48)認為,在制定教育行政人員專業準則時,其要素應包含:

1. 制定專業倫理準則的目的:除了規範成員、提供專業的理想與聲明外,最主要的目的應在於提升專業水準,贏得社會大眾的信任與尊重,進而提升專業的地位。

2. 專業倫理準則的內容:通常會先有一段前言,說明一般性的基本原則,並做前後背景的描述,進而針對服務對象的福祉、專業人員的職責、專業權威的運用與限制、與其他專業的合作、專業人員的道德操守做詳盡的規範與描述。

3. 制定專業倫理準則的機構:理想上應由專業團體來制定專業倫理準則,並廣泛徵詢成員的意見,是以教育行政專業倫理準則也應由教育行政人員的專業團體來制定,並多方詢問教育行政人員的意見後,再傳達給所有成員知道,以做為教育行政人員從事專業服務時的重要參考與依據。

4. 專業倫理準則的規範性:由於專業倫理準則對於成員不合乎倫理的行為,在制裁與懲戒上不像法律的制裁那麼強制與具有實質效力,也因此在專業倫理準則的規範性方面,比較傾向道德勸說。

5. 專業倫理準則對專業的影響:專業倫理準則對專業本身的影響,應不在於塑造完美無缺的員工,反而是增進成員對專業認同,願意承諾對專業奉獻自己的心力,提升最佳的專業服務。

6. 專業倫理準則的修正:專業倫理準則所涉及的價值並非都是絕對的,有時常常是相對的,所以準則的內容之價值可能常會隨時間與社會的變遷而有修正的必要。

基於上述，教育行政人員倫理守則的訂定宜考慮以下幾個 W：

1. 為什麼要訂定教育行政倫理守則（why）？

訂定教育行政人員倫理守則，對內可以規範教育行政人員的言行舉止及專業行為，增加成員對專業的認同，對外可贏得外界的信任。

2. 教育行政人員專業倫理守則要包括哪些內容（what）？

基本上，教育行政倫理守則應包括前言及教育行政人員專業倫理準則的要目，前言在於說明一般性的基本原則，教育行政人員專業倫理準則的要目通常條列出各種倫理要項。

3. 誰來訂定教育行政人員的倫理守則（who）？

教育行政人員的倫理守則理想上應由教育行政人員的相關團體主動發起來制定，在制定之前宜廣泛徵詢各方及成員的意見。

4. 要如何推動與實施（how）？

所謂：「徒法不足以自行」，是以訂定教育行政人員倫理守則後，應確實推動與實施，專業倫理守則雖然沒有太多的強制力，但可透過道德勸說及取消專業資格，以督促教育行政人員表現合乎的倫理行為。值得注意的是，教育行政人員倫理守則實施時宜適時修正，以因應教育及社會環境的變遷。

參、教育人員的專業倫理守則

由於教育行政人員本身亦是教育人員的一部分，因此教育行政人員應該了解教育人員或教師的專業守則，以下先陳述美國的教育專業倫理守則，之後再介紹國內的情形。

美國國家教育協會（National Education Association, NEA）1975年頒布的「教育專業倫理守則」（Code of Ethics of the Education Profession）。守則內容包含三部分：第一部分是前言，高懸教育理念與理想，堅持教育工作者應擔負最高倫理標準的責任，對於違反本守則任一條款的懲處為開除會籍；第二部分為原則一，明列在履行對學生

的義務上，教育工作者必須遵守的八項條款；第三部分為原則二，陳述在履行對專業的義務上，教育工作者必須遵守的八項條款（林延慧、張振華譯，2002：i-x）。茲將其內容引述如下（林延慧、張振華譯，2002：vii-x）。

一、前言

信奉人性價值與尊嚴的教育工作者皆認定：尋求真理、追求卓越、培育民主觀念，具有無與倫比的重要性。這些目標的本質在於保障「教」、「學」的自由，以及教育機會均等的承諾。教育工作者承擔了維護最高倫理標準的責任。

教育工作者認定這項重責大任落實於教學歷程之中。為取得同事、學生、家長與社區鄰里的尊重與信任，倫理行為必須達到並且維持最高可能的程度，教育專業倫理守則表達了所有教育工作者的期望，並提供判斷倫理行為的準則。

國家教育協會及其分會詳定：對於違反本守則任一條的懲處為開除會籍，而這項由國家教育協會及其分會所指定的條款，應於任何形式下強制執行。

二、原則一：對學生的承諾

教育工作者致力於協助每位學生了解本身的性向潛能，成為有價值、有效能的社會成員。因此，教育工作者應當鼓勵學生好問的精神、知識的追求與理解，以及透過深思形成有價值的目標。

在履行對學生的義務上，教育工作者必須：

1. 不得無故限制學生獨立追求學問的行動。
2. 不得無故扼止學生發展不同的觀點。
3. 不得蓄意壓抑或扭曲使學生進步的主題。
4. 盡可能保護學生使其避免有損於健康、學習與安全的情況。
5. 不得恣意刁難或謾罵學生。

6. 不得因種族、膚色、信條、性別、國籍、婚姻狀況、政治或宗教信仰、家庭社會文化背景、性別傾向，而造成不公平：
   (1)排拒學生參與課程。
   (2)拒絕學生利益。
   (3)給與學生利益。
7. 不得運用對學生的專業關係發展私人利益。
8. 除不可避免的專業目的或法律要求外，不得公開於專業服務期間所取得與學生有關的資料。

三、原則二：對專業的承諾

　　教育專業工作受到公眾的託付，以信賴和責任要求教育專業服務達到最高的理想。

　　基於深信教育專業服務品質直接影響國家人民，教育工作者應當盡量全力提升專業水準、帶動行使專業判斷的風氣、吸收值得信任的人投入教育生涯、防範不合格的專業實習：

1. 不得蓄意運用專業職權發表虛假的言論，或隱藏有關能力與資格的資料事實。
2. 不得偽造專業資格。
3. 不得協助已知在品格、教育或其他相關屬性上不合格者取得專業職位。
4. 不得刻意對專業職位候選人的資格發表虛假的言論。
5. 不得在未經許可的教學實習中，協助非教育工作者。
6. 除不可避免的專業目的或法律要求外，不得公開於專業服務期間所取得與同事有關的資料。
7. 不得刻意發表與同事有關的虛假或詆毀的言論。
8. 除不可避免的專業目的或法律要求外，不得公開於專業服務期間所取得與學生有關的資料。

　　我國在 1977 年所訂定的教育人員信條，分別列舉教師所應盡的職責與需要達成的使命，做為全國教育人員專業修養的依據，內容如下（詹棟樑，2002：211-213）：

　　教育乃百年樹人之大計，凡從事教育工作者，對於學生、學校、家庭、社會、國家、民族以及世界與人類，均有神聖莊嚴之責任；且對於自身之專業修養，應與時俱進，不斷充實，以提高工作效率。我國教育同仁為堅定信念，自立自強，善盡職責，達成使命，通過「教育人員信條」共同遵守。

一、專業

1. 確認教育是一種高尚而榮譽的事業，在任何場所必須保持教育工作者的尊嚴。
2. 教育者應抱持高度工作熱忱，學不厭、教不倦，終身盡忠於教育事業。
3. 不斷地進修與研究，促進專業成長，以提高教學效果。
4. 參加各種有關自身的專業學術團體，相互策勵，以促進教育事業之進步，並改善教育人員之地位與權益。

二、對學生

1. 認識了解學生，重視個別差異，因材施教。
2. 發揮教育愛心，和藹親切，潛移默化，陶冶人格。
3. 發掘學生疑難，耐心指導，啟發思想及潛在智能。
4. 鼓勵學生研究，循循善誘，期能自發自動，日新又新。
5. 關注學生行為，探究其成因與背景，予以適當之輔導。
6. 切實指導學生，明善惡、辨是非，並以身作則，為國家培養堂堂正正之國民。

三、對學校

1. 發揮親愛精誠之精神,愛護學校,維護校譽。

2. 善盡職責,切實履行職務上有關之各項任務。

3. 團結互助,接受主管之職務領導,與同仁密切配合,推展校務。

4. 增進人際關係,對新進同事予以善意指導,對遭遇不幸之同事,應予以同情,並加以協助。

四、對學生家庭與社會

1. 加強學校與家庭之聯繫,隨時訪問學生家庭,相互交換有關學生在校及在家之各種情況,協調配合,以謀兒童之健全發展。

2. 提供家長有關親職教育方面之知識,以協助家長適當教導其子女。

3. 協助家長處理有關學生各種困難問題。

4. 鼓勵家長參加親師活動,並啟示其善盡對社會所應擔負之責任。

5. 率先參加社會服務,推廣社會教育,發揮教育領導功能,轉移社會風氣。

五、對國家、民族與世界人類

1. 實踐中華民國教育宗旨,培育健全國民,建設富強康樂國家,並促進世界大同。

2. 復興中華文化,發揚民族精神,實踐民主法治,推展科學教育,配合國家建設,以完成復國建國之使命。

3. 堅持嚴以律己,寬以待人,剛毅奮發,有為有守,以為學生楷模,社會導師。

4. 發揚我國仁恕博愛道統,有教無類,造福人群。

　　此外，全國教師會於 1999 年 2 月 1 日成立，依據《教師法》第 27 條規定，應訂定全國教師自律公約，為全國教師專業倫理之規準，從引領及規範教師工作守則中，朝維護教師專業尊嚴及專業自主方向，重新形塑教師之形象。全國教師自律公約主要包括教師專業守則及教師自律守則，分述如下（全國教師自律公約，2007）。

一、教師專業守則

　　以下事項，教師應引以為念，以建立教師專業形象：

1. 教師應以公義、良善為基本信念，傳授學生知識，培養其健全人格、民主素養及獨立思考能力。
2. 教師應維護學生學習權益，以公正、平等的態度對待學生，盡自己的專業知能教導每一個學生。
3. 教師對其授課課程內容及教材應充分準備妥當，並依教育原理及專業原則指導學生。
4. 教師應主動關心學生，並與學生及家長溝通聯繫。
5. 教師應時常研討新的教學方法及知能，充實教學內涵。
6. 教師應以身作則，遵守法令與學校章則，維護社會公平正義，倡導良善社會風氣，關心校務發展及社會公共事務。
7. 教師應為學習者，時時探索新知，圓滿自己的人格，並以愛關懷他人及社會。

二、教師自律守則

　　以下事項，教師應引以為誡，以維護教師專業之形象：

1. 教師對其學校學生有教學輔導及成績評量之權責，基於教育理念不受不當因素干擾及不當利益迴避原則。除以下情形之外，教師不得向其學校學生補習（本條文自 2000 年 8 月 1 日起實施）。
   (1)教師應聘擔任指導公立機關學校辦理之學生課外社團活動。

(2)教師應聘擔任指導非營利事業組織向主管教育行政機關報備核准之學生學習活動。

2. 教師之言行對學生有重大示範指導及默化作用，基於社會良善價值的建立，以及教師的教育目標之達成，除了維護公眾利益或自身安全等特殊情形下，教師不應在言語及行為上對學生有暴力之情形發生。

3. 為維持教師在社會的形象，教師不得利用職權教導或要求學生支持特定政黨（候選人）或信奉特定宗教。

4. 為維持校園師生倫理，教師與其學校學生不應發展違反倫理之情感愛戀關係。

5. 教師不得利用職務媒介、推銷、收取不當利益。

6. 教師不應收受學生或家長異常的餽贈；教師對學生或家長金錢禮物之回報，應表達婉謝之意。

肆、教育行政人員的倫理守則

　　美國有訂定學校行政人員的倫理守則，國內目前也有訂定《公務員服務法》，中華民國學校行政研究學會亦訂定學校行政人員的倫理守則，但未針對教育行政人員制定專業倫理守則；國內有吳清山和黃旭鈞（1999）所訂定的教育行政人員行政專業倫理準則草案，以及謝文全（2003）的觀點。分別敘述說明如下。

一、「美國學校行政人員學會」的「專業倫理準則」

　　教育行政人員的專業行為必須遵從倫理的準則。專業倫理準則必須是具有理想性及可行性，俾使這些準則可以合理地應用到所有的教育行政人員。

　　行政人員承認學校屬於社會大眾，他們的服務目的，在於提供社會所有人的教育機會。然而，行政人員應負起學校與社區中提供專業

教育行政倫理

領導的責任。這份責任需要行政人員維持模範的專業行為標準。這個標準必須承認行政人員的行動將為社區、專業組織與學生們所檢驗和讚賞。為了達成這樣的目的，行政人員同意以下所敘述的標準。

教育行政人員：

1. 以謀取學生福祉為所有決定與行動的基本價值。
2. 以誠實和廉潔來實現專業責任。
3. 支持正當程序的原則，並保障所有個體的公民權與人權。
4. 遵守地方、州與國家的法律，不故意加入或支持倡導直接或間接顛覆政府的組織。
5. 履行教育管理委員會的政策、行政的法則與規定。
6. 尋求適當的方法以修正那些與完善教育目標相違背的法律、政策與規定。
7. 避免利用職權並透過政治、社會、宗教、經濟及其他影響力謀取個人私利。
8. 只從合格的機構，接受學位或專業認證。
9. 維持標準並透過研究與持續的專業成長，以改進專業效能。
10. 尊重所有的契約，直到履行完成、解除或所有團體相互同意撤銷契約（吳清山、黃旭鈞，1999：53）。

二、美國州際學校領導者證照協會之學校行政人員倫理標準

成功的願景、以教與學為核心、注重所有利害關係人的參與及倫理行為的表現，是美國學校領導者標準的四個主軸。其中標準五：「學校行政人員係能透過正直、公平及有倫理的作為，來促進所有學生成功的教育領導者。」即意謂有效的領導者能對倫理行為有強烈的承諾，並能為學生、家庭及社區的道德行動者與提倡者。而針對此一標準，學校行政人員應具備知識、特質（dispositions）與表現，分別如下（馮丰儀，2005：44-45）。

(一) 知識：行政人員具備的知識與理解

1. 不同的倫理架構與倫理觀點。
2. 現在社會教育的目的及領導者角色。
3. 不同學校社群的價值。
4. 專業倫理守則。
5. 教育哲學和教育史。

(二) 特質：行政人員相信、重視及承諾

1. 共同利益的理想。
2. 權利法案的原則。
3. 每個學生享有自由、優質教育的權利。
4. 將倫理原則應用至做決定過程。
5. 將個人利益置於學校社群利益之下。
6. 接受維持個人原則或者行動的結果。
7. 建設性地應用個人職位之影響，以及有生產力地服務學生及其家庭。
8. 發展一個關懷的學校社群。

(三) 表現：行政人員

1. 檢視個人及專業價值。
2. 表現個人及專業倫理守則。
3. 表現會激勵他人朝向高度表現的價值、信念和態度。
4. 做為一個楷模。
5. 接受對學校營運的責任。
6. 考量個人行政實踐對他人的衝擊。
7. 運用職位的影響力來促進教育方案，而不是個人所得。
8. 公正、平等、正直和尊重地對待他人。

9. 保護學生和成員的權利與機密。

10. 表現對學校社群多樣性地欣賞與敏感度。

11. 確認及尊重他人的合法性權威。

12. 檢視與考量不同學校社群的普遍價值。

13. 期望學校社群的他人能夠表現正直和行使倫理行為。

14. 實現法律與契約的義務。

15. 公正、聰慧及審慎地應用法律及程序。

三、中華民國學校行政人員倫理守則

中華民國學校行政研究學會於 1999 年提出了「學校行政人員倫理守則」，茲將其臚列如下（馮丰儀，2005：40）：

1. 學校行政人員應遵守法律與道德規範。

2. 學校行政人員應以學生為主體，以人文教育為依歸。

3. 學校行政的品質與行政人員的尊嚴，應建立在服務師生、支援教學，追求校務發展的卓越績效。

4. 學校行政人員應培養理性批判能力，以求不斷自我反省、自我超越。

5. 學校行政人員應循質疑、反省、解構與重建的步驟，培養自主與自律的批判思考能力與氣質，尋求自我的創新發展。

6. 學校行政人員應扮演創新、溝通與服務者的角色，並促成學習型組織的校園文化。

7. 學校行政人員應將實務經驗，透過理性的溝通，與學校同仁共同促進專業知能的成長。

8. 學校行政人員應力行誠信原則。

9. 學校行政人員負有維護社會正義責任，樹立學校與社區之楷模。

10. 學校行政人員應發揮人文精神，關懷社會與文化發展，展現對教育工作的熱忱。

四、吳清山和黃旭鈞的觀點

　　教育行政人員本著服務大眾與犧牲奉獻精神，致力於改進教育環境，提升教育專業水準。除了提供學校與社區專業化的領導外，也必須擔負起促進學生成長、學校進步與社區發展的責任，並且願意遵守各種教育法令規定和本團體所訂定的下列規範，以維持專業的水準與尊嚴（吳清山、黃旭鈞，1999）：

1. 教育行政人員的所有行動與決定都應以謀取學生福祉為依歸。
2. 教育行政人員應表現清廉、正直、誠實等特質，以贏得大眾對教育行政人員的信賴與尊重。
3. 教育行政人員應秉持正當的程序原則，並保障所有的人之權益。
4. 教育行政人員應避免利用職權謀取不當的個人私利。
5. 教育行政人員在面臨利益衝突與價值選擇的情境下，仍應秉持公平正義的原則。
6. 教育行政人員應努力充實個人的專業卓越能力，並鼓勵各種教育行政的專業成長。
7. 教育行政人員應妥善應用道德權威，並與成員發展合適的關係。
8. 教育行政人員應在合理、合法、正確、公平與正義的前提下表現忠誠。
9. 教育行政人員要能自尊自重，並保守業務上的機密。
10. 教育行政人員要有責任批判不合理的教育現象，並提出改進之道。
11. 教育行政人員應積極創造合乎倫理的教育環境。
12. 教育行政人員應主動關懷他人，並使每個人都享有內在的價值與尊嚴。

五、謝文全的觀點

謝文全（2003：551-552）綜合各家論述，提出的教育與學校行政人員倫理信條如下：

1. 以學生福祉及教育目的，做為專業決定與行動的基準。
2. 以誠信公正的態度履行職責，盡忠職守。
3. 任何決定均應兼顧程序正義與實質正義。
4. 以身作則遵守相關法令與團隊規範，善盡公民與團員之團結合作責任。
5. 爭取專業自主的同時，應充分發揮專業自律精神，以維護專業尊嚴。
6. 在追求教育組織目標過程中，應兼顧成員與社會公益。
7. 尊重組織成員、社區（會）人士及其他利害關係人的尊嚴與應有的參與權。
8. 不得利用職權謀取不當的利益，包括避免圖利自己與圖利他人。
9. 信守契約與承諾，直至履行完畢或解除為止。
10. 不斷從事專業進修與發展，以提升專業知能與專業精神。
11. 公平對待所有的成員與學生，不得因其政經文化及人口因素等背景之不同而有所歧視。
12. 不得偽報專業資格以獲取職務，也不得做偽證以圖利或傷害同仁或他人。
13. 對不合理的事應勇於批判與反應，並參與改進，力求臻於至善。
14. 隨時自我反省改善，以持續提升工作的效果與效率。

有學者主張「先做人，再做專業人」（黃崑嚴，2005：191），其意旨在勉勵吾人在從事一項專業工作之前，應該先學會做人的道

理，再追求專業成長；同樣的，教育行政亦是一門專業，教育行政人員亦是專業人員，因此必須同時學會做人與專業兩件事情。而由上述各家對教育行政倫理守則之觀點可知，教育行政人員倫理守則一方面強調教育行政人員之做人的倫理原則，例如：公平公正不循私、尊重關懷他人等，另一方面在教育專業亦強調教育行政人員要不斷進修成長，以學生福祉為最重要的考量，並自我反省改善，以提升教育品質、追求卓越。

伍、結語

自主的人喜歡自律而不喜由社會規範，但「從心所欲，不踰矩」的境界並非人人能及，因此在提及專業自主之餘，也應加入專業倫理信條或專業人員的自律組織以做為規範（林彩岫，1997：291）。此外，展望我國未來教育環境的變遷必定會愈來愈快，複雜性也會愈來愈高，制定一套教育行政人員完善並能為大家所接受的教育行政人員專業倫理準則，可做為教育行政人員從事價值判斷與選擇的參考依據（吳清山、黃旭鈞，1999：49）。但一部倫理行為準則，應該強調積極的廉正操守，而非消極的各種不當行為，倫理行為準則也不能流於櫥窗裝飾品（window dressing）（蕭武桐，2002：427）。因此，未來除了規劃訂定教育行政人員專業倫理守則外，在制定之後也要加強推動與實施。

最後值得一提的是，倫理守則也有一些限制（楊瑞珠，1997：9）：(1)有些問題不能只單憑倫理守則來處理；(2)有些守則無法執行：可能是法院認定某些守則不適用，或是社會標準比守則重要；(3)有時守則條例之間或不同組織訂的守則之間會產生不一致，並產生衝突；(4)倫理守則是由已經發生過的事例所編定的，所以只能處理相類似的情況，對沒有發生過的情境則有其使用限制；(5)成員的價值觀可能與明文規定之守則相衝突；(6)守則可能與機構政策及實務工作相衝突；

(7)倫理守則要隨著不同文化而有所改變,以適應當地之風土民情;(8)由於每個組織內都存在著不同的看法,所以並不是每個組織裡的成員都贊同組織所訂出來的所有守則。

　　綜言之,吾人所關心的不是「要不要制定教育行政人員專業倫理守則」的問題,而是如何訂定一部合適的教育行政人員專業倫理守則,並使教育行政人員遵循專業倫理守則,表現出合乎專業倫理的態度與行為,是故本章闡述首先教育行政人員專業倫理守則的意涵及功能,並闡述如何研訂教育行政人員專業倫理守則,之後介紹教育行政人員之相關專業倫理守則,以供教育行政人員之參考。

3 教育行政的倫理兩難

壹、前言

倫理學是一門探究人類行為對與錯、是與非的學問（莊道明，1996：1）。換言之，倫理（ethics）是指規定正確和錯誤行為的規則或原則（吳奕慧、尤慧慧、蔡筱薇、張明諭譯，2004：91）。在一片混沌的變動時代，我們需要的是道德羅盤的指引（徐炳勳譯，1998：3），所謂「好的倫理就是好的經營」（孫震，2006：59），透過行政倫理的思索與討論，可為行政人員塑造新的行政作為，並提供行政人員更適當及正確的觀念（邱瑞忠，2001：27）。

行政人員或專業人員常在兩個相近或相等的價值之間抉擇，且從不同的倫理角度思考，其所產生不同的看法都具有某種說服力（徐震、鄭怡世，2002：601）。事實上，教育行政人員常面對倫理兩難的困境（dilemma），因此必須思考如何處理才能有效的解決問題。以學校校長而言，其在平日綜理校務之學校經營與管理過程中，須與教師、家長、社區人士、學生及上級單位等學校利害關係人互動與接觸，因此經常面臨行政倫理兩難的問題，是故本章首先探討教育行政的倫理兩難，其次闡述教育行政倫理兩難之處理與解決方式，之後敘述揭發弊端與保守祕密的倫理兩難、行政裁量權的倫理困境、多數決定與專家決定的行政兩難，以供教育行政人員面對倫理兩難困境之參考。

貳、教育行政的倫理兩難

在學校行政運作的過程中，常出現兩極對立的事象，但每一極端事象對於學校行政皆會出現積極的功能。也就是說，矛盾、對立立場的任何一方，皆能表達某種程度的真理，而真正的真理，是經由矛盾、對立的對抗，以探索智慧的產物（黃乃熒，2000：247）。根據物理定律，我們也知道「作用力必有反作用力」，亦即作用力與反作用力是具有同等重要性與價值的。以「顧客服務」為例，當高唱「顧客永遠是對的」時，若顧客與員工發生口角時，儘管員工是根據公司的處理程序，但經理人卻站在顧客那一邊，因此而可能會打擊員工士氣，且違背「員工是公司的最大資產」的原則（陳榮彬譯，2004：25-26）。

Hoy 和 Miskel 認為，正式組織所面對的根本兩難困境（dilemma），是秩序與自由，兩者均為人們所想要的，而且達成高度效能與品質的必需品，然而提升對某一個的重視，就會降低另一個（林明地等譯，2003：553）。Smylie 和 Hart 也指出，現代校長的難題是：(1)教學單位與行政系統的對立；(2)法定職權與實際權力運作相歧；(3)學校組織規範與教師專業倫理的衝突；(4)組織目標的達成與成員心理滿足無法兼顧；(5)溝通管道無法暢通無阻；(6)專業社群的建立與維持。也就是說，現代校園充滿多變複雜的因素，相互交織影響學校組織經營，因此如何兼顧法規體制正常運作與人文價值的維護、如何尋求學校組織目標與教師個人目標的新平衡等問題，都是身為新世紀校長應該審慎考量的（王如哲等譯，2004：695）。

Ogawa、Crowson 和 Goldring 曾檢視並提出學校組織長久存在的七個兩難困境，分別是組織目標的兩難困境、任務結構的兩難困境、專業主義的兩難困境、層級節制的兩難困境、持續存在的兩難困境、組織界線的兩難困境及順從的兩難困境（王如哲等譯，2004：449-471）。而 Walker（2002）研究發現，香港校長的兩難是存在於

文化價值、教與學的信念、結構、個人難題,以及學校之內部與外部角色。Moller認為,教育領導常面臨行政操控與專業自主的矛盾、轉變與穩定的矛盾、對學生／家長效忠與對教師效忠的矛盾(陳璧等譯,2002:157-163)。Dempster和Berry(2003)指出,校長最常遇見及困擾的倫理議題,是學生的恐嚇及欺凌、教職員的績效、財務及資源、外部關係等。

關於國內學校行政倫理常見的兩難困境,傅寶宏(2002)研究指出,學校行政可能引發的五項倫理議題,分別是採購及招標、募款活動、公共關係、志工管理、支持教師進修與促進教師合作。張憲庭(2003:234)在其研究之結論中也提到,學校領導者雖然堅持倫理道德之理想,卻仍可能因學校內外環境所產生的壓力,使得校長身不由己,例如教師年度考評、面對民意代表的人事或工程關說等。林立武(2005)研究結果指出,現階段行政人員處理學校行政事務時所產生之棘手難題,以及工作歷程中所面臨的行政困境,引發出如下的十項倫理議題:(1)學生編班問題;(2)教師職務安排;(3)代課教師聘用;(4)教師介聘甄選;(5)學校主任表現不稱職;(6)校園不適任教師問題;(7)採購法令常常修改;(8)家長與社區對學校是助力也是阻力;(9)各處室業務工作牽涉到權責問題;(10)舉辦活動太頻繁,壓力焦慮跟著來。許慶泉(2006)在其探究之個案學校行政人員所面臨的倫理困境計有:問題教師職務安排、學生編班、設備與事務難分、與主管看法不同、對政策認知不同、作業批改查閱、學生秩序與安全控管、校長命令模稜兩可、學生意見處理、家暴學生、行政團隊聲譽、事務採購、工友管理、帳目清查等十四個倫理困境。

吳武雄(2006)指出,當前學校行政人員的困境為:(1)工作量增加,工作負荷大;(2)工作方式改變;(3)有責未必有權;(4)工作尊嚴受挫;(5)教師兼任行政的誘因不足;(6)行政專業知能遭受挑戰;(7)行政與教學難兩面兼顧。

筆者(蔡進雄,2005b)亦曾從科層體制與專業自主、組織目標

與個人需求、傳統與創新、教育市場化與教育專業堅持、正式組織與
非正式組織、個人主義與社群主義、考核與績效、活動與學業、由上
而下與由下而上等九方面，闡述學校行政面臨的兩難困境，分述如
下。

一、科層體制與專業自主

　　學校科層體制與教師專業自主兩者的獨特結構是衝突的來源，專
業人員企圖以自訂的標準與團體監督來加以控告其成員；相反的，科
層體制的員工會被期望應堅守法令與規章，並順從層級權威。專業行
動的最終基礎是其專業知識，而科層體制行動的最終根基，是其與組
織法令與規章的一致性（林明地等譯，2003：554-555）。

　　換言之，學校是具有科層體制與教學專業的雙重系統，是要偏向
科層體制還是強調專業自主，是學校領導者時常面臨的兩難困境。太
過於強調科層體制之層級節制及法令規章等，可能會造成學校組織過
於僵化，而過於重視教師專業自主，學校之行政效率可能不彰。

二、組織目標與個人需求

　　學校目標與個人需求有時亦會有衝突，過度追求學校目標的達
成，有時會喪失教師個人的家庭與休閒生活；但過於滿足教師個人的
需要，組織目標就不易達成或者無法有卓越的表現。

　　組織目標與個人需求能完全滿足嗎？有時是可以同時達成的，但
有時確實會有衝突。這種情形亦會反映在領導者之領導風格是要關懷
取向還是工作取向，誠如 Blanchard 和 Johnson 在《一分鐘經理》
（*The One Minute Manager*）中提到，「強硬」的經理雖然使公司好
像贏了，但員工卻輸了，「和善」的經理雖然員工好像贏了，但公司
卻輸了（李毓昭譯，2004：16）。

三、傳統與創新

　　學校有傳統固有的文化與校史，應該加以尊重與維持，但學校文化也必須隨著時代潮流加以創新，否則抱持傳統規範，不知變通，學校辦學績效恐怕不易彰顯。另一方面，如果輕視傳統學校文化，而以革命的方式創造建立新的學校文化，則學校是否那麼容易轉型成功，也是令人存疑的。易言之，在傳統與創新、維持與發展之間，是學校領導者可能面對的兩難困境。

四、教育市場化與教育專業堅持

　　教育市場化的現象常顯現在讓家長有更多的教育選擇權上，但在面臨家長的選擇與要求時，學校如何有所專業堅持，而不隨波逐流，亦是學校組織面臨的兩難困境，例如家長對教師帶班與教學有所要求時，學校領導者是要一味呼應家長的期望？還是要請教師調整班級經營與教學方式？在在考驗校長處理兩難的智慧。

五、正式組織與非正式組織

　　有正式組織的地方就會有非正式組織，學校領導者若過於強調正式組織，則行政工作的推動可能會面對非正式組織成員或非正式領導者的抵制，但若過於重視非正式組織而漠視正式組織之運作，則校務之推動將缺乏合法性。

　　學校之正式組織與非正式組織各有其功能及侷限，學校組織領導者如何兼顧，是學校領導者時常面臨的兩難問題。

六、個人主義與社群主義

　　學校教學及行政工作常會流於單打獨鬥之個人主義，因此有必要倡導社群主義，但過於倡導社群之集體主義時，個人的意見或創意會不會被掩蓋？這也是學校領導者可能會面臨的兩難問題。

舉例來說，為避免科層體制之分工設計，學校常會鼓勵建立行政團隊，團隊是偏向社群主義，但團隊的建立亦會產生責任分散及權責不清之現象，且有時也會形成另一種本位主義。

七、考核與績效

成員之考核或評量是要促進學校組織的進步，但往往也是學校衝突及紛爭的來源之一，有時成員會因為考核不佳而心生不滿，做出不理性行為，造成學校組織或學校領導者的困擾。

再者，若規定一個學校要有多少比例的成員要在某個等第，其結果造成成員之間的惡性競爭，此亦可能是造成學校組織績效下降的另一個原因。

八、活動與學業

國內中小學常要辦理各項活動，小至校內各種活動，大到辦理校外教學參觀；但學生各種活動多，往往也會影響教師的上課進度。對於學校活動過多，家長也會反映這樣會造成學生成績的低落。而另一方面，若各項活動過少，則學生旺盛的精力無從發揮，亦不符青少年的心理及生理需求。

九、由上而下與由下而上

學校行政決定是要採取由上而下或是由下而上，事實上各有其利弊得失，如果凡事由上而下來做決定，學校成員可能因而變得被動而不敢有太多的嘗試與冒險；但如果凡事都由下而上，也可能會降低行政效率。因此，由上而下或由下而上的決定模式，常是學校領導者必須面臨的兩難困境。

參、教育行政倫理兩難之處理與解決方式

經由上述可知，教育行政人員及領導者確實經常面臨倫理兩難困境，至於如何處理倫理兩難，Lashway（1996: 115-117）指出，道德推理的指引為：(1)了解情境中什麼是重要的；(2)深思熟慮；(3)尋求選擇方案；(4)評估各種選擇。李春旺（2005：172-175）陳述解決衝突的倫理問題時有三種辦法解決：第一、容易的決擇：知道對錯可能不難時，則視責任的優先順序而做倫理決定，例如赴約途中幫助人的責任優於準時赴約的責任；第二、創意的中間路線（a creative middle way）：即能同時滿足不同卻有衝突的道德義務辦法，例如不賄賂會失去生意，影響公司利益，創意的中間路線是不行賄而改用捐款的方式；第三、困難的決定：在無法兩全其美的情況下，只有壯士斷腕，兩惡相較取其輕重。

歸納而言，學校領導者在面對學校行政各種倫理兩難困境時，有「非 A 即 B」、「A 與 B 兩者兼顧」，以及「不包含 A 與 B 之第三方案」之決定與處理方式，闡述分析如下（蔡進雄，2005a）。

一、「非 A 即 B」

「非 A 即 B」之二分法的基本假設，為兩個對立的價值、事件或行為是無法兼顧的，所以一定要在兩者之間取其一，亦即選擇其一而放棄另外一個，但過於強化某項價值，亦會有過猶不及的現象，所以這種二分法的處理方式受到諸多學者的批判。

首先，「非 A 即 B」的二分法具有分裂性思考的傾向，此會對競爭性的價值採取獨斷式的判斷，認為其中某一價值優於另一個價值，而忽略另一個價值的重要性（黃乃熒，2000：254）。但學校組織領導的很多現象並不一定要「非 A 即 B」，例如校長的倡導行為與關懷行為原本是相對立的領導行為，但校長是可以因時因地而表現出不同取向的領導行為，亦即校長可以讓教師知覺到，其領導並非完全是倡

導取向，或全然是關懷取向，而是可以倡導與關懷兩者兼顧的。

其次，世界上很多事情或價值是相對而不是絕對。相對論認為世上沒有絕對的存在，所謂「道德的」與「非道德的」僅是相對的，它將因特定的文化、族群、個人而有不同的判斷。相對論最吸引人的地方在強調，一切價值的認定完全隨時間、地方、環境而確定（曹俊漢，2003：230-231）。例如：Sull 在《成功不墜》一書中提到，領導人說出的正面陳述往往都是潛在陷阱，例如策略架構可能變成眼罩、資源僵固則變成重擔、流程變成例行作業、關係變成桎梏、價值變成僵化教條等（李田樹、李芳齡譯，2003：138-144）。

然而不可避免的，學校領導者有時也會面對必須二選一之難題，當「魚與熊掌」不可兼得時，就必須分別衡量「魚與熊掌」的價值（毛治國，2003：62）。此外，筆者認為學校領導者若面對需要「非A即B」的決策時，必須考量二個因素之後再做取捨，其一是這樣的選擇合不合法、合不合道德、合不合教育性，其二是這樣的選擇是不是以學生的利益為最高考量。

二、「A 與 B 兩者兼顧」

一般而言，學校組織之兩難管理，吾人較不主張非 A 即 B 的二選一方式，而是採取「A 與 B 兩者兼顧」的管理方式。Bolman 和 Deal 就認為，傳統二分法的觀念會以互斥、兩極化的角度來分析事情，非東即西，然而事情往往有第三種可能。因此，最佳的學校領導者應該是雙重心的學校領導者（the bifocal leader），兼重技術性角色與藝術性角色的均衡領導（林明地，2002：167；Deal & Peterson, 1994）。又如，行政計畫與個人創新兩者會有所衝突（林明地等譯，2003：551），但吾人不能在行政計畫與個人創新只取其一，因為重計畫而不創新，學校辦學會變得呆板少活力，只重創新而沒有計畫，學校經營容易失去方向，是故較佳的方式就是尋求兩者兼顧。所以，Collins 和 Porras 也陳述高瞻遠矚公司不受二分法的限制，而是用兼容並蓄的

方法，讓自己脫出這種困局，使同時能夠擁抱若干層面的兩個極端，不在非黑即白之間選擇，而是想出方法，兼容黑白（真如譯，2002：65）。

職此之故，學校領導者在面臨兩難困境時，若能採取兩者兼顧的策略，應是屬於較為圓融且有效的處理方式。

三、「不包含 A 與 B 之第三方案」

有時面臨兩難困境時，不一定要落入非 A 即 B 的困境或需要兩者兼顧的情況，學校領導者可以採取不包含原先兩個價值之第三方案，這種方式往往是一種創意，而且可以跳脫問題處理模式的窠臼，例如兩個不同處室在爭取某項有限資源而有衝突時，學校領導者不必選擇將此項資源給與那個處室，此時可以去尋求更多的資源來滿足兩個處室的需求，而化解了對立。

綜言之，教育行政或學校行政事務常涉及倫理兩難困境，但對於解決複雜之兩難問題是沒有倫理食譜的（Lashway, 1996: 3），有些兩難問題必須在 A 與 B 之間擇一，有些則不必然是二元對立，必須考量各利害關係人、問題性質及多種倫理向度，在左右為難中做出圓融、有創意、有智慧的回應與抉擇。

肆、揭發弊端與保守祕密的倫理兩難

一、揭發弊端的意涵

所謂弊端揭發（whistle-blowing）是指，組織成員基於個人的良知倫理道德判斷與公共利益的考量，將組織違法、不當、不道德的事件向外界揭發，希望維護公共利益，導正組織違法不當的行為（黃宏森，2005：42）。不論社會對弊端揭發的評價如何，揭發者將面臨行政倫理上兩難困境（dilemma），是要服從組織忠誠的要求？還是遵

從自我道德良心倫理判斷？尤其實務上更將面對揭發後組織報復、人際關係緊張、保護措施不足及弊端未來發展不確定等風險與危險（黃宏森，2005：39）。

　　如表3-1所示，揭發弊端與保守祕密經常有所衝突，就忠誠對象而言，前者忠於道德良心，後者忠於組織；就對於工作或職業發展的影響而言，揭發弊端者可能會被同事或同行排擠，甚至被迫離職或轉行，而保守祕密至少對工作不會產生直接的影響；就選擇發聲或沉默來說，揭發弊端是選擇發聲，而保守祕密是選擇了沉默。

表3-1　揭發弊端與保守祕密的比較

	揭發弊端	保守祕密
忠誠對象	忠於良心	忠於組織
對工作的影響	可能被排擠或被迫離職	工作的穩定
發聲或沉默	選擇發聲	選擇沉默

資料來源：筆者自行整理

二、揭發弊端的負面影響及正面效益

　　如前述，揭發弊端的負面影響，對揭發者個人而言，當然要冒相當大的風險，如人際關係變得緊張，且主管或組織成員不見得會認同揭發弊端的作為，因而受到排擠，對組織而言，將組織弊端對外公開，某種程度上亦會影響組織聲望及形象。

　　雖然揭發弊端有上述的負面影響，但揭發行為仍有正面的效益（黃宏森，2005：60-64；趙達瑜，1997：48-49）：(1)保有個人良知倫理道德：出面揭發弊端可使個人良知獲得寬心、安心；(2)專業倫理的維護：專門職業從業人員因享有專門的知識與證照，內部人員基於自我專業倫理的堅持而予以揭發，不僅維繫專業團體的專業倫理、維護顧客的權益，也兼顧社會整體的利益；(3)促進組織變遷：組織管理階層因弊端揭發的行為，藉以獲得重要的資訊，進行組織的變遷改

革；(4)引發社會關注與討論，形成政策：弊端揭發行為若結合民意代表的造勢活動及媒體的傳播報導，可以將個人的問題變成社會的問題，最後可形成政策予以執行；(5)促進行政革新及行政效率：具有道德勇氣的弊端揭發人敢挺身而出，實彌足珍貴，藉此可促進行政革新、增加行政效率。

三、組織對於揭發弊端的預防與因應

由於檢舉人的忠誠度往往受人質疑，工作和生活往往失去保障，名譽受損不說，也常常不容易找到下一個工作（李春旺，2005：129-130），尤其是我國公務員普遍將行政倫理概念窄化為傳統儒家文化的階層倫理，所以從事公務時著重遵守組織規範、服從上級命令，並奉之為最高的行動指導方針，對於破壞組織運作慣性規律的弊端揭發人，往往流於對組織不忠誠、對長官不順服之批判（詹靜芬，2001：330）。因此，許多人都寧願選擇沉默而不願揭發弊端。職是之故，必須給與當事人以完善的保護，我國有《公務人員保障法》，而美國特於 1989 年通過《弊端揭發人保護法》，明文保障組織中的弊端揭發人，不因揭發行為而受到不利處分（趙達瑜，1997：41）。

揭發行為雖有正面的倫理意涵，但畢竟對組織是個嚴重的傷害，因此組織應力求人事及資訊公開化，作業透明化，強化行政程序，避免「黑箱作業」，並透過組織內部的參與溝通，建立共識（黃宏森，2005：70；羅吉旺，1993：128）。

綜言之，吾人應持平看待揭發弊端之行為，事實上任何組織都可能會有弊端揭發者，教育行政機關及學校亦不例外，不僅是教育工作者會揭發教育界或學校的弊端，有時家長或學生也會因學校的不當措施進行揭發，因此為了減少揭發弊端之情事發生，或降低因揭發弊端而產生對組織的傷害，教育行政人員及教育領導者平時應該致力於溝通管道的暢通，相關決定及重要決策民主化，公平公開地處理教育行政事務，而一旦有成員揭發弊端，除了了解揭發事情的真實性外，更

應反省及檢討其所揭發事件的背後原因並努力改善，因而使揭發弊端轉化成為促進教育品質提升及教育行政改革的因子。

伍、行政裁量權的倫理困境

一、行政裁量權的定義

翁岳生（1990）對行政裁量權的定義普遍受到學者的引用，翁岳生（1990：40-42）認為，「裁量」乃裁度推量之意，是人類對事物考慮之內部意識的過程。裁量不是隨意，而是有其準據和目標。因此和毫無準則限制之恣意不同。行政裁量乃是指行政機關，在法律積極明示之授權或消極的默許範圍內，基於行政目的，自由斟酌，選擇自己認為正確之行為，而不受院審查者。

換言之，行政裁量是指行政機關和行政人員在相關法令規章所賦予的權限範圍內，於處理各種行政事務時，可以本諸自由心證的原則，做某種的行政決定。例如社會福利機關賦予工作人員權限，對低收入戶的補助，可以在一萬五千元至兩萬兩千元間視情況給與，而究竟要補助多少，就由工作人員透過行政裁量而決定（吳定編著，2003：5）。也就是說，公務員可透過行政裁量權的使用，自由斟酌，基於行政的目的，在法律積極明示之授權或消極的默許範圍之內，選擇自己認為正確的行為及合義務性的行為（蕭武桐，2002：283）。

二、行政裁量權的類型

張家洋（1986：550-552）將行政機關的行政裁量權區分為「羈束裁量」與「自由裁量」兩類。就羈束裁量而言，亦稱羈束行政或羈束行為，裁量行政機關或行政人員的行政作為皆須依據法規規定而行，因而在行動的抉擇上較有客觀的準據可供判定，若裁量錯誤即構

成違法行為，並成為人民提起行政訴訟的標的。反之，自由裁量係在職權範圍內，由行政機關以自由判斷做成適當處理的行為。

許籐繼（2001：167）指出，校長擁有首長的裁量權，依裁量的程度不同，校長的裁量權約可分為絕對裁量權、相對裁量權及形式裁量權，分述如下。

(一) 絕對裁量權

對於裁量的事項，在無明文規定時，校長基於職權並在不違法的前提下，其擁有絕對的裁量權。

(二) 相對裁量權

對於裁量的事項，已有委任立法之規定者，校長僅有相對之裁量權，例如有關教師進修之事宜，已有教師進修辦法規範，校長僅能依法辦理，只有在法令規章未規定處或模糊地帶，校長始可進行適法性的相對裁量。

(三) 形式裁量權

對於裁量的事項，當法令規章已有明確之規範時，首長並無權做法令規章以外之裁量。若說有裁量，亦可說是形式裁量，乃是校長不得不做的裁量。

依上述學者的觀點來看，形式裁量與羈束裁量是相同的，都是要依法行政，沒有彈性的空間，而絕對裁量、相對裁量與自由裁量較為接近，教育行政人員擁有較多的裁量與選擇。

三、行政裁量的倫理困境

Cooper（1990）陳述常見行政裁量的倫理問題，有權威衝突、角色衝突及利益衝突等三項原因，分述如下（蕭武桐、黃新福，1999：

359-362）。

(一) 權威衝突

當個人價值（主觀責任的來源）與法律要求或組織層級節制的要求（客觀責任的來源），相互間之要求不相容時，個人即會面臨到不同權威間相衝突的難題。最有名的實例是二次世界大戰期間德軍領袖希特勒下令屠殺歐洲地區之猶太人的個案，雖然屠殺的命令是由政治領導人所下，但卻由德國的官僚負責執行，因而有人堅稱其屠殺行為完全是以組織及行政職務為主，個人並未對猶太人存有憎惡之情。

(二) 角色衝突

角色衝突係指個人所扮演之多種角色間的價值觀不一致或相互排斥所產生的衝突。例如身為主管，既要為部門所屬成員爭取福利，另一方面又要站在管理者的立場維持現有的政策。

(三) 利益衝突

這是一種公共角色與私人利益相衝突的情況，最常見是假公濟私。根據相關研究顯示，公共組織除了為公共利益服務外，有時亦成為實現個人利益的競技場。許多人從眾多的公共資源中獲取所需的利益，以營造有利個人的情勢。

四、教育行政裁量困境的解決

Warwick（1981）在〈行政裁量的倫理〉（The Ethics of Administrative Discretion）一文中，指出五項行動原則，以供行政人員參考，分別為（蕭武桐、黃新福，1999：363-365）：(1)公共利益的考量（public orientation）；(2)深思熟慮的抉擇（reflective choice）；(3)公正正直的行為（veracity）；(4)程序規則的尊重（procedural respect）；(5)在手段上的限制（restrain on means）。

　　教育行政人員在進行行政裁量時，除了參照公共利益的考量、深思熟慮的抉擇、公正正直的行為、程序規則的尊重、在手段上的限制等行動原則外，更要考量學生的利益，此乃因教育行政存在的主要目的是在於服務師生及協助學生學習與成長。

陸、多數決定與專家決定的行政兩難

一、多數決定的意涵

　　多數決定（majority decision）準則是民主政治理念的主要意涵之一，人們推崇民主政治理念，自然就會推崇多數決定準則，然而多數決定準則是否果真是理所當然？如果「投個票」、「舉個手」就能夠解決人類社會的各種問題，則人類還需要去累積知識文明嗎？不難理解的，我們在處理各種公共問題時，不應該輕率地遵從多數決定準則（莊輝濤，1998：161）。再者，多數意見支持的決策未必是民主政治，一個政府的政策，如果真正獲得絕大多數民意的支持，未必是民主政治的表示，例如：日本的侵略中國是獲得絕大多數日本人的支持、希特勒的政策顯然也獲得大多數德國人高度熱忱支持，但我們絕不認為戰前日本與德國政治是民主政治（華力進，1981：102）。

　　質言之，人們推崇傳統「民主」（democracy）思想，自然就會推崇多數決定思想，當人們認為多數決定思想是理所當然的，自然就會將多數決定當作是解決各種公共問題的最高準則。然而，多數決定思想未必是理所當然，值得深入考量（莊輝濤，1998：162）。

二、教育行政的多數決與專家決

　　教育行政運作過程或校務運作過程中，常會遇到多數決或專家決的問題，以下就闡述何種情況下採取民主多數決定或是採取專家決定。

　　Strike、Haller和Soltis指出，民主決定（democratic decision making）與專家決定（decision making by experts）之間能進行分工。當決定主要涉及人們集體需求時，此決定應以民主的方式來做成決定，但當決定主要是處理事實時，需要某些專業知識時，決定應由專家來做決定（謝文全等譯，2002：142）。

　　解決主觀喜好的問題應該依據多數決定準則，例如：某市政府考量要選擇哪一種花當作市花、某班級選擇旅遊地點；而解決事實及專業問題，應該盡可能依據事實證據及專家意見，例如：核能發電廠應該設置在什麼地方、是否要實施某項教育改革措施、是否要將徵兵制改為募兵制等問題，顯然必須依據專業或嚴謹的事實論證，與人們的喜好不相干的（莊輝濤，1998：163-169）。

　　經由上述可知，一般來說，教育行政人員應該視教育問題性質而決定採取多數決定或專家決定，例如：學校要蓋新的建築物或大樓，除了聽取學校各利害關係人如教師、學生及家長的意見外，還要參考教育學者、建築師、設計師等專家的看法，因為建築有建築的專業與安全考量，所以不能完全採用多數決來決定學校的建築；又例如：學校要決定學生畢業旅行的地點或決定校樹校花，則可依多數家長、學生、教師等人之意見而採多數決。一言以蔽之，教育行政人員面對各項決定，不必然是採用多數決或專家決，宜視問題性質而定，有些決定可以兩者融合，有些決定可以直接採用民主多數決，而有些決定則要多聽取專家的觀點與意見。

chapter 4 倫理氣氛與教育行政倫理

壹、前言

　　在 80 年代末，倫理氣氛（ethical climate）即已被西方學者用來了解組織內部的倫理程度，它是組織內成員對工作職場倫理程度的一種知覺反映，很容易測量得知（吳成豐，2005：229）。倫理氣氛被視為一種企業的「規範控制系統」（normative control system），這個控制系統會影響員工的道德行為，也被認定具有「支配」組織內成員的意義。不過，倫理氣氛有別於企業文化，它只是企業文化的一部分，企業文化的範圍較廣，尚包括儀式、特殊語言和行為模式（吳成豐，2005：230）。

　　由於員工進入公司之後，就會透過正式或非正式的社會化程序，學習「正確的行事原則」，因此組織可以形塑特定的倫理氣氛，進而提升組織內部的倫理行為，所以倫理氣氛已經被概念化成為組織中普遍的特性，對於決策有深遠的影響（謝芳鈴，2004：10）。

　　有關倫理氣氛的探究，在國內教育行政倫理研究領域較少見，因此以下就探討倫理氣氛的意涵、倫理氣氛的類型及倫理氣氛的相關實徵研究，最後提出結語。

貳、倫理氣氛的意涵

有關"ethical climate"一詞，國內諸多學者翻譯為倫理氣候，本書將其翻譯為倫理氣氛。王鳳生和蔡豐隆（2003）認為，企業倫理氣候是企業內部的道德氣氛，員工能夠感覺出倫理的風向，敏銳的獲悉何種行為可獲允許，而何種行為被禁止的認知。謝芳鈴（2004：10）指出，組織的倫理氣候是公司內部成員對於何者為正確的倫理行為，以及倫理議題應該如何解決有共同的認知。

經由上述可知，倫理氣氛是成員對組織之倫理程度的一種知覺反應，且倫理氣氛會影響成員所表現的倫理行為。

參、倫理氣氛的類型

Victor 和 Cullen（1989）以「倫理準則」（ethical criterion）與「分析觀點」（locus of analysis）為構面，交錯形成一個3×3的矩陣（如圖 4-1），將倫理氣氛區分為九個類型並發展出倫理氣氛問卷，以了解受測的組織成員對於組織倫理氣候的認知。其中，倫理準則乃是指企業在進行決策制定時，所依據的倫理標準（利己、仁慈、原則），而分析觀點乃是指在面臨倫理決策時所依循的參考群體（個人、區域、世界）（詹雅玲，2004：12）。

		分析的觀點	
		個人	區域	世界
倫理標準	利己	個人利益型	公司利益型	效率型
	仁慈	友誼型	團隊利益型	社會責任型
	原則	個人道德型	公司規則及程序型	法律及職業規範型

圖 4-1 理論的倫理氣氛類型
資料來源：Victor & Cullen (1989: 104)

此外，Victor 和 Cullen（1989）針對四家不同的產業，不同規模公司的八百七十二位員工進行實徵調查，利用因素分析將上述九種企業倫理氣氛類型萃取出五種氣氛類型，分別命名為：關懷（caring）、法律和法規（law and code）、規則（rules）、工具性（instrumental）、獨立（independence），說明如下（詹雅玲，2004：15-17）。

一、關懷型倫理氣氛（caring）

員工受到關懷、尊重，而不是以功利主義為主，內容包括公司期望員工彼此之間互相關懷、公司是否關懷員工，以及大家是否以公司的整體利益為重等。

二、法律與法規型倫理氣氛（law & code）

強調員工應遵守國家法律和職業道德標準做事，以符合行為的正當性與合法性，並以決策是否違反法律為其主要考量。

三、規則型倫理氣氛（rule）

一切要遵守公司的規章與規定，不考量個人道德觀的層面，主要內容涵蓋員工應遵守公司的規章與程序行事，以及是否嚴格遵循公司的政策。

四、工具型倫理氣氛（instructmental）

工具型倫理氣氛之組織所呈現的，是以員工的利益和公司的整體利益為主要優先考量順序，唯有當個人的利益損害到公司整體的利益時，個人的行為才不被公司所准許。

五、獨立判斷型倫理氣氛（independence）

公司尊重員工個人所持的倫理道德觀念，並且允許員工以其個人

的倫理道德信念來做為行事的準則，呈現的是獨立自主的行事風格。

肆、倫理氣氛與倫理行為的相關及強化倫理氣氛的 方法

　　倫理氣候透過社會心理的程序，直接影響個人的倫理行為（吳芳琪，2006：26-27）。Wimbush 和 Shepard 提出倫理氣氛與倫理行為的關係模式，如圖 4-2 所示。由圖 4-2 之模式及 Wimbush 和 Shepard 的研究結果可以發現，利他導向和原則導向的倫理氣氛能提升組織內部的倫理行為；相對的，利己導向的倫理氣氛則會導致不倫理行為（吳芳琪，2006：34）。

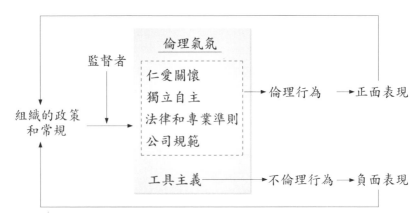

圖 4-2　倫理氣氛與倫理行為之關係模式
資料來源：吳芳琪（2006：35）

　　至於強化或改進組織內倫理氣氛的方法，大致可以有五項具體做法，分別為（吳成豐，1997：131）：

　　1. 在組織內建立共同的倫理準則。

　　2. 對成員施予有關公司的價值及未來目標的「道德教育或訓

練」。

3. 管理幹部應隨時檢視自己的決策。

4. 鼓勵道德行為，打擊不道德行為。

5. 企業重視回饋社會。

伍、倫理氣氛的相關研究

Rosenblatt 和 Peled（2002）研究發現，具法規及專業準則倫理氣氛的學校其與家長參與的相關，高於關懷倫理氣氛的學校。

李其芳（1996）的研究顯示：(1)國內企業中存在著「法規」、「關懷」、「獨立判斷」、「公司利益」導向五種類型的倫理氣候；(2)不同的產業、公司規模以及成立年數、會使公司在某些倫理氣候類型上有顯著差異；(3)法規、關懷及獨立判斷導向的倫理氣候，在組織績效上的表現比公司利益、個人利益導向的倫理氣候為佳。

王鳳生和蔡豐隆（2003）探討企業倫理氣候、倫理行為與企業社會績效的關係，其研究發現：(1)遵守法律和重視關懷倫理氣候程度較高的企業，展現社會正義行為、重視員工權利、履行社會責任、回應社會需求的表現較佳；(2)同時重視正義和權利程度較高的企業，在履行社會責任、回應社會需求、重視社會責任的表現較佳，在經營成長和規模成長的表現亦較佳；(3)重視自主倫理氣候程度較高的企業，在經營成長的表現比較差。因此，企業有需要建立遵守法律與內部規章之倫理氣候，建立完善的經營制度，以利提升企業社會績效。

張人偉（2004）研究發現，企業倫理氣氛會透過工作滿足與組織承諾的效果，間接的對證券營業員倫理行為有正向影響。

謝芳鈴（2004）以會計人員及查帳人員為研究對象，研究結果指出：(1)會計人員對效率型、法律規範型及獨立判斷型氣候之認知與組織承諾有顯著正相關，對工具型氣候之認知與組織承諾有顯著負相關；(2)查帳人員對關懷型氣候之認知與組織承諾有顯著正相關；(3)會

計人員對效率型氣候之認知與離職傾向有顯著負相關,對工具型氣候之認知與離職傾向有顯著正相關;(4)查帳人員對關懷型氣候之認知與離職傾向有顯著負相關,對工具型氣候之認知與離職傾向有顯著正相關。

吳芳琪(2006)以企業之工作者為研究對象,研究結果發現:(1)仁慈導向與原則導向的倫理氣氛與倫理行為呈正相關;(2)整體而言,低度利己導向、高度仁慈導向及高度原則導向的倫理氣氛類型有助於產生倫理行為。

林育卿(2006)研究指出,倫理氣候(法規導向、關懷導向)對於道德承諾有顯著正向關聯,顯示組織內部所共同擁有的價值觀,確實能影響道德承諾。

底正平(2006)研究指出,倫理氣候認知對組織承諾有顯著的影響,亦即當醫院員工的倫理氣候認知愈高時,其組織承諾愈高;醫院員工的倫理氣候認知會透過組織承諾,個別對組織公民行為及離職傾向產生顯著的影響。底正平並依據研究結果指出,醫院管理部門應重視組織倫理氣候的改善,並提高醫院員工的組織承諾,進而激勵員工組織公民行為的展現,期以降低員工離職傾向,增進組織績效及醫療品質,達到組織永續經營的目標。

李進昌(2005)探討大陸籍員工倫理氣氛認知及組織公平對員工倫理行為之影響,研究發現:關懷導向氣候認知、法規導向氣候認知與公司利益導向氣候認知,對於員工道德行為承諾具有顯著相關。

黃經洲(2003)研究發現:(1)醫院愈重視專業氣候、關懷氣候、規則氣候,則較會展現出較佳的醫療行為外顯表現;(2)醫院經營以專業氣候與規則氣候程度較高,而關懷氣候與功利氣候程度較低。

蔡慧貞(2006)以國內金融業理財專員為研究對象,研究結果指出:(1)存在於金融的倫理氣氛大致可分四種類型,即「遵守法規」、「關懷員工」、「獨立思考」及「重視私利」;(2)倫理行為大略分為三種構面,即「誠信」、「操守」和「服從」;(3)倫理氣氛會影響員

工的倫理行為。

　　綜合以上的研究，可知各研究均有不同的研究結果，但整體而言，似乎可發現關懷、利他及法規導向的倫理氣氛對成員的工作態度，普遍有較佳的效果，而工具型的倫理氣氛較無法提升員工的工作態度。至於 Rosenblatt 和 Peled（2002）研究發現，對於家長參與，具法規及專業準則倫理氣氛的學校優於關懷倫理氣氛的學校，則值得進一步探討。

陸、結語

　　從上述的理論探討中，吾人大致可歸納出幾個重點與方向，首先就倫理氣氛的意義觀之，倫理氣氛是成員對組織之倫理程度的一種知覺反應；其次就類型而言，可歸納為關懷型、法律與法規型、規則型、工具型、獨立判斷型；就實徵研究來看，整體而言，大多研究是發現關懷、利他及規則導向的倫理氣氛較有助於成員的工作態度、績效及人際互動，因此教育行政人員應該多採取關懷及利他的方式與成員互動，同時兼顧規則的訂定，另一方面避免產生負面之倫理氣氛。綜言之，倫理氣氛及其相關研究的成果可以提供給教育行政人員一些參考及啟示，值得注意的是，教育行政對於倫理氣氛的研究較為缺乏，值得進一步開拓與發展。

chapter 5 組織正義與教育行政倫理

壹、前言

　　數十年來，西方組織正義（organizational justice）研究主要發現是企業員工的正義知覺能有效的預測組織內員工的態度（賴志超、鄭伯壎、陳欽雨，2001：28；Greenberg, 1993; Tepper & Taylor, 2003）。國內對於組織正義的研究探討也發現：成員知覺組織正義愈高，則會增加成員的組織承諾、工作滿意及組織公民行為（卓正欽，2000；林淑姬、樊景立、吳靜吉、司徒達賢，1994；邱麗蓉，2003；陳麗綺，2002；曾雅偉，2001；黃家齊，2002）。由此可見，組織成員對組織正義知覺確實會影響其態度與行為的表現。

　　國內有關組織正義的研究，主要侷限在企業管理領域，而教育研究在組織正義領域的探討僅有極少數的研究（牟鍾福，2002；邱麗蓉，2003）。整體觀之，組織正義此一議題並未受到國內教育研究者太多的注意，因此本文擬蒐集相關文獻，首先探討組織正義的意涵及其理論基礎，其次歸納整理組織正義對學校行政倫理與領導的啟示，以供學校行政人員的參考。

貳、組織正義的意涵與理論基礎

一、組織正義的意涵

組織正義並不是一個單一構面的概念，過去學者常將組織正義區分為「分配正義」（distributive justice）與「程序正義」（procedural justice）兩構面。其中分配正義意指獎酬的分配結果是否公正，而程序正義則是指在進行獎懲決策時，所依據的決策準則及方法是否符合正義原則（黃家齊，2002：110）；再者，程序正義也考量員工在決策過程中是否有發言權，以及提供足夠的訊息讓員工了解組織如何進行資源分配（伍忠賢，2002：246）。此外，也有學者指出程序正義概念中，忽略了在組織程序的執行過程中，員工對於所受到的人際互動品質的感受，包括對於員工的尊重、提供決策的說明與解釋、同理心的展現等（黃家齊，2002：110；Bies & Moag, 1986），因此組織正義除了分配正義及程序正義外，應包含互動正義（interactional justice）。

Ferrell、Fraedrich 和 Ferrell 也指出，正義是公平對待和遵守道德，或法律標準的應得報酬（黎正中譯，2008：159），並將不同型態的正義彙整為三種型態，提供不同情境或企業情境下評估公平性架構的參考，如表 5-1 所示。

歸納而言，分配正義是個人對組織在資源分配的結果是否公正的知覺，程序正義是組織在決定任何獎懲決策時，所依據的標準或評估方法是否符合公正性原則，其追求的是手段之合理性，互動正義則是個人對於組織在完成決策之前是否會被公正對待知覺，包含組織有無與員工相互溝通、參考員工意見、體恤員工立場等（陳麗綺，2002：45-46；羅傳賢，2001：7；Bies & Moag, 1986; Folger & Greenberg, 1985; Greenberg, 1990）。進一步而言，分配正義影響的是個人對於分配結果的態度，程序正義影響個人對於組織整體的評價，而互動正

表 5-1　不同型態的正義

正義型態	公平的評估
分配正義：基於對商業關係的結果，例如有些員工覺得同工不同酬，所關切的是分配正義	所導致的利益 平等獎勵
程序正義：基於產生成果的過程和活動，例如員工對公司裡的公平或公正流程的知覺。	決策過程 接觸、公開和參與的層級
互動正義：基於商業關係中溝通過程的評估	資訊的正確性 過程中的真實、尊重和禮貌

資料來源：黎正中譯（2008：160）

義影響的是個人對於組織完成決策之前，是否會被公正對待的知覺（陳麗綺，2002：28）。

二、組織正義的理論基礎

　　至於組織正義的相關理論基礎方面，最常被提及的是公平理論和社會交換理論，分述如下。

(一) 公平理論

　　公平理論（equity theory）主張，一個人如感覺到所得獎酬數量與其努力間有差距，則會設法減少其努力；再者，其差距愈大，則設法減少其努力亦愈甚。一個人無論在何時，如自覺其工作結果（job outcomes）及工作投入（job inputs）的比例，與另一個參考對象的工作結果與投入者相比較是不相稱，一種矛盾或不公平即存在。根據公平理論的觀點，當員工感受到不公平時，會有下列六種反應：(1)改變自己的付出；(2)改變自己得到的報酬；(3)扭曲自己的認知；(4)扭曲對他人的認知；(5)改變參考對象；(6)改變目前的工作（吳金香，2000：89-90；Adams, 1965）。

　　公平理論可以做為組織中分配正義的重要理論基礎，亦即當組織

成員感受到較少的分配正義時，可能會影響其工作滿意並降低對組織的付出。

(二) 社會交換理論

社會交換理論（social exchange theory）認為，社會互動過程中的社會行為是一種商品交換行為。而人是自利的、自我中心的，會以「成本—利潤」來考量交換行為。社會交換的過程是一種至少是兩個人之間的交換活動，其基本假設是互惠（reciprocal）及公平（equity）。換言之，當組織正義時，員工基於互惠原則，將選擇最經濟、最有效的方式來回報（陳麗綺，2002：25）。

此外，社會交換理論還有兩個基本條件：首先，個體傾向積極參與能獲得最大社會報酬的活動，第二是雙方在一定時期內的交換，應以近似平行的方式進行，否則，一方就會終止交換的關係（王新超譯，2002：140）。

社會交換理論是組織正義的理論基礎，其理由是當組織提供給成員更高層次的精神需求滿足時，或成員感受到組織正義時，則成員會更努力工作以回饋組織，反之亦然。

參、組織正義對學校行政倫理與領導的啟示

一、採取民主參與的行政作為

組織應在決策過程中設立正式機制，以確保資訊蒐集的正確性，並提供員工意見表達的機會，以建立正式程序公正認知（黃家齊，2002：132）。參與決策過程（participation）亦即有機會表達意見（voice）是促使個人認為組織正義的重要因素。研究發現如果個人知覺程序正義，即使分配不利於自己，個人仍覺得自己得到合理的分配（賴志超、鄭伯壎、陳欽雨，2001：30）。另一方面，以今日所謂

「知識經濟」的大環境來看，組織內的成員大多數是所謂的知識工作者（knowledge worker），他們在組織中除了關切組織中的分配正義外，他們更關切的是程序正義，例如決策過程中是否提供雙向溝通的機制（卓正欽，2000：58）。Tepper 和 Taylor（2003）研究指出，部屬對程序正義的感受會影響其組織公民行為；國內卓正欽（2000）研究顯示，程序正義對工作滿意度、組織承諾及離職傾向三項組織公民行為變數均有影響；鄭燿男（2002）的研究結果亦發現，學校處理事情的程序愈公平、給與老師的獎懲愈公平，愈有利於教師組織公民行為的表現。

職此之故，學校若能採取民主參與的行政作為或領導方式，讓教職員多方面參與校務及相關事務，則能彰顯學校組織之程序正義，並能減少教師的負面情緒。民主參與的方式雖然花費較多的時間，但卻可以凝聚共識，執行上也可以減少許多障礙，並有利於提升教師組織承諾及組織公民行為。

二、對教職員的獎懲應力求「對事不對人」

實徵研究顯示：組織成員愈認為特定獎勵及懲罰決策是「對事不對人」，則愈認為該決策具有程序正義，而當組織成員愈認為特定獎勵及懲罰決策具有程序正義，則個人的生涯期望愈高（羅新興，2002）。再者，管理者如欲促進成員對上司、同事及組織的信任，應致力塑造組織程序公平的管理環境，俾利培養成員逐漸發展出對上司、同事及組織的信任（鄭仁偉、黎士群，2001：87）。因此，學校在處理教職員的獎勵或處懲時，應力求「對事不對人」及「就事論事」，不要受個人的背景及其他因素的干擾，如此教職員才會知覺較高的程序正義，而對學校發展做出更多的貢獻。此外，對獎懲的結果也要符合分配正義。

綜言之，在懲處成員時，應讓利害關係人陳述其意見，以聽取不同見解，以收集思廣之效，同時適時運用申訴制度，以救濟事前可能

疏忽實質與程序之不足（謝文全，2003：535）。舉例而言，學校在
處理教師獎懲或不適任教師的過程，應讓當事人有充分說明的機會，
在處理過程不應涉及個人的恩怨，而能針對教師的教學情況及缺失進
行深入了解，然後再做出合理的決定，最後也應讓當事人有申訴的機
會，如此我們才可以說，處置過程就事論事並合乎程序正義。

三、重視互動正義，以強化教師與學校的連結

　　所謂互動正義是指，在成員在決策程序進行當中所受到的人際待
遇，員工覺得其需求是否被考量，以及是否提供決策的充分說明等
（黃家齊，2002：111）。在組織中員工因為受到主管的關懷與尊
重，提供員工覺得對公司而言自己是重要的訊息；反之，如果受到主
管的漠視，員工可能覺得公司認為自己不重要，進而會削弱對組織的
認同（賴志超、鄭伯壎、陳欽雨，2001：35）。邱麗蓉（2003）探討
國民小學組織公平與組織公民行為之關係，研究發現組織公平與組織
公民行為有顯著的正向相關存在，其中組織公平之互動公平對組織公
民行為中的認同學校預測力最高。職此之故，學校行政領導若能重視
互動正義，則必能強化教師與學校的連結（linkages）（Mowday, Por-
ter, & Steers, 1982），有助於提升教師對學校的組織承諾。

　　換言之，學校行政領導者平時應多關懷尊重教師，採取人性化領
導，真誠對待教師，並以同理心去了解個別教師的需求，使教師感受
到校長或主管對其重視。當教師感受到較高的互動正義時，則對學校
自然就會產生認同感，而更願意為學校付出努力。

肆、結語

　　任何行政行為均應兼顧程序正義與實質正義，其用意在追求「理
性」（rationality），亦即兼具公平（equity）、公正性（fairness）與
合理性（reasonableness）（謝文全，2003：523）。基本上，學校行

政領導者或主管擁有較多的職權與資源，是故在處理校務時，應時時兼顧分配正義、程序正義及互動正義。因此，只要校長或行政主管能重視並實踐組織正義，相信能贏得絕大多數教師的信任與支持。特別是隨著社會的變遷、校園的民主化及教師的自我意識高漲，學校行政人員與教師的衝突在所難免，是故正視並探討組織正義之內涵更具有其意義及價值。

組織正義的概念乃是關注員工對於工作以及工作相關事物的公平性認知（黃家齊，2002：110）。值得一提的是，學校在分配正義之薪資報酬方面，並無法像私人企業可以依業績論薪資，所以在薪資報酬方面，學校行政領導者能調整及改善的空間有限。職此之故，為了提升教師對組織正義之知覺，學校更應彰顯程序正義及互動正義，在獎懲或決策過程能公平客觀且能考量教師的立場及需求。

總之，本文首先敘述組織正義的意涵及其理論基礎，組織正義大致包含分配正義、程序正義及互動正義，而公平理論與社會交換理論是組織正義最重要的理論基礎，最後本文從採取民主參與的行政作為、對教師獎懲應力求「對事不對人」及重視互動正義，以強化教師與學校的連結等三方面闡述組織正義對學校行政倫理與領導的啟示，以供學校行政人員及領導者之參考。

（本文 2005 年曾發表於《學校行政雙月刊》，35，145-151。）

教育行政倫理

chapter 6 教育行政倫理決定

壹、倫理決定的意涵

由於教育行政運作過程中，常面臨倫理議題或倫理兩難，因此如何採取較為明智的倫理決定（ethical decision making）就成為值得探討的議題。"ethical decision making"有學者翻譯為倫理決定，也有學者稱為倫理決策，本書採用倫理決定一詞，引述其他學者論點時，則盡量使用原作者的用詞。

Josephson指出，倫理的決策涉及一個選擇（也就是，原則推論）的過程，它是有系統地考慮及評估在倫理原則的條件下，行為的可行方案（江玫君譯，1998：84）。Rest認為倫理決策是當人類的利益受到衝突時，要有些規範、標準及原則，用以提供基本的指引，並且使單位中同仁的相互利益，達到最合理化的程度（蕭武桐，2002：311）。蕭武桐（2002：311）陳述倫理決策情境的基本要素是：(1)行政決策的選擇是正確或錯誤；(2)倫理的標準是合作的社會生活要素；(3)對別人的幸福有重大的影響；(4)有關正義、權利及特殊標準及原則的考慮。所以倫理的情境（ethical situation）基本上被視為一種倫理面向（ethical dimensions），而倫理決策是指針對別人幸福有重大影響時，所做的一種選擇，並必須涉及相關價值的考慮，而這些規範及原則，能適切地提供決策者，做為基本的指引。

范熾文（2000：58）將倫理決定界定為：當學校行政人員面對一

系列相對的（competing）價值，在決定的過程中，會涉及價值的考慮，必須思考有哪些規範及原則，可提供基本的指引，其決定對別人會產生重大影響。吳成豐（2005：83）陳述，管理決策是指管理者做決策時的決策行為，係依循倫理的原則進行；易言之，就是決策者做決定時，所做的某些道德因素的考量。周百崑（2004：57-58）將倫理決定界定為：當學校行政人員面臨一系列的倫理價值抉擇時，於做決定的過程中，涉及價值的考慮，針對倫理的規準及原則，從眾多的價值選擇中做出選擇，而其決定會對他人產生重大的影響。林立武（2005：74）認為倫理決定的定義，為行政人員面對學校行政倫理議題所產生的倫理困境時，運用道德原則及專業倫理的觀點反省思考，而做出符合倫理抉擇與道德責任之決定。

經由以上各家之見的介紹及敘述，筆者認為行政倫理決定是行政人員面對各種倫理議題時，融入倫理的考量，所做出的決定。針對此一定義可進一步闡述如下：

1. 面對各種倫理議題：學校行政人員在行政運用過程中，常會遇到各種令人困擾及左右為難的倫理議題，例如不適任教師的問題、學生行為問題的處理等。
2. 融入倫理的考量所做的決定：由於倫理議題常涉及學校各利害關係人，因此各種抉擇應融入倫理及道德的考量，之後才做出審慎且明智的決定。

貳、倫理決定的模式與步驟

Blanchard 和 Peale 提出進行倫理決定的三個問題（汪益譯，1992：13-25）：(1)是不是合法？(2)是不是平衡？(3)以後我會怎麼看自己？合法的問題讓你去面對現存的準則，平衡的問題啟動你的正義感與理性，而最後一個問題把注意力集中在你的感情，和你自己的道德準則上。Josephson 指出，倫理決策的第一個問題是：「哪些倫理

原則包含在這個決策裡？」這些倫理原則包括：誠實、正直、信守承諾、忠實、公平、關心他人、尊敬他人、負責任的公民、追求卓越、可信賴的十項（江玫君譯，1998：74-75）。Richter 和 Mar 認為，美國安隆（Enron）十分重視品質與顧客，但因為缺乏品德基礎，只用最低標準的倫理行事，終至分崩離析，鬧出眾所矚目的醜聞，Richter 和 Mar 進一步指出，全面倫理管理（Total Ethical Management）的理念包括三個要點：(1)倫理 X 光：所有的活動與管理應該通過「倫理 X 光」的檢驗；(2)潛移默化：整個組織應該經過倫理潛移默化的過程，將高倫理標準應用於所有的作業流程與管理過程；(3)推己及人：實踐全面倫理管理的組織或公司，應該讓其倫理文化確實傳達給一般大眾，以鞏固整個社會的倫理（羅耀宗等譯，2004：385-386）。

至於有關倫理決定的模式及步驟，各學者提出不同的模式與看法，茲將較常被引述的倫理決定模式與步驟，敘述如下。

一、Tymchuk 的八段倫理決定模式

Tymchuk 列舉八個步驟的倫理決定過程，不僅可供諮商員參考，亦可做為行政倫理決定的參考架構，這八個步驟是（牛格正，1991：68）：

1. 情境分析——蒐集與問題關係人的相關資料，予以統整分析。
2. 界定關鍵問題——從資料中找出最具關鍵性的問題。
3. 參閱倫理規範——參考有關的專業倫理規範，以查知有助於解決問題的規定。
4. 評估有關個人及團體的權益、責任和福利。
5. 擬定解決每一個問題的後果。
6. 預估每一決定可能產生的後果。
7. 分析考量每一決定可能產生的利弊。
8. 做決定。

二、Trevino（1986）的個人情境互動模式

Trevino（1986）所提出的個人情境互動模式，是基於 Kohlberg 的道德認知發展模式加以發展的，並考量個人調節變項及情境調節變項。如圖 6-1 所示，個人調節變項包括自我強度、場地獨立及內外控，情境調節變項包含工作環境、組織文化及工作特性，最後在各種因素下產生倫理行為或不倫理行為。

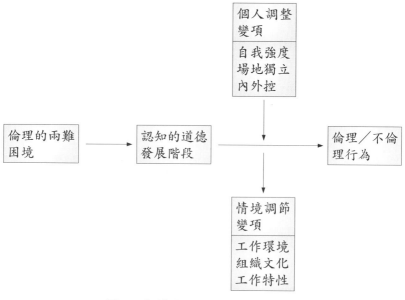

圖 6-1 組織中倫理決定的互動模式

資料來源：Trevino (1986: 603)

三、Cooper 的倫理決定模式

Cooper 的倫理決定模式是由「察覺到一個待解決問題的存在」而開始的一連串步驟。如圖 6-2 所示，此步驟包括察覺倫理問題的存在、描述情境、界定出倫理的關鍵、確認方案選項、規劃、選擇行動

方向與結果（邱瑞忠，2001：33-35）。

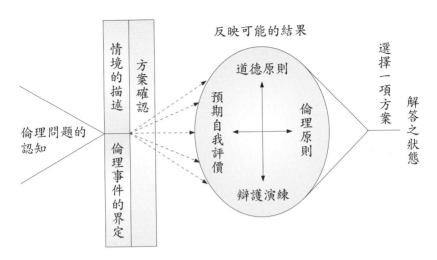

圖 6-2 倫理的決定模式
資料來源：邱瑞忠（2001：35）

四、Corey、Corey 和 Callanan 的倫理決定步驟

Corey、Corey 和 Callanan 所提出的倫理決定步驟，頗值得參考，說明如下（楊瑞珠，1997：17-18）：

1. 釐清問題與困難所在：盡量蒐集與情境有關的各種資訊，釐清哪些是倫理上、法律上、道義上，或是三者兼有之的問題。
2. 考慮可能牽涉的問題：蒐集完資料後，列出主要問題所在，並且刪除掉不相干的部分，清楚辨別相關人員之權益與義務。
3. 參考相關的倫理準則：查看所隸屬的專業組織是否可提供與此情境相關的倫理準則，以做為解決之道。
4. 尋求其他專業者的意見：由於做決策要有很充足的理由，所以尋求其他專業人士的意見有助於確定或修正自己的判斷。
5. 蒐尋可能採取的行動：列出不同的行動方式，同時可與別人討

論，此時不一定要付諸行動。

6. 評估不同決定可能造成的後果：考慮每個行動對相關人員可能
造成的影響。

7. 選擇最適當的行動：在做最後決定時，仔細考量蒐集資訊的明
確性，資訊愈明確，則決定愈清楚。

五、許孟祥、黃貞芬和林東清的倫理導向之決策制定方法

許孟祥、黃貞芬和林東清（1996）提出的倫理導向之決策制定架
構，如圖 6-3 所示。他們認為倫理導向的決策步驟為：(1)倫理議題的
界定；(2)倫理議題的分析；(3)倫理理論的導入；(4)倫理導向之決策實
施；(5)決策的回顧等五個階段。此一架構從倫理理論觀點導入個人之
決策的制定，對於不道德行為的防止具有積極的效果，倫理導向之決
策制度也並非無任何缺點，在倫理導向之決策制定過程中，每一個階
段可能需要獲得並處理相當多的資訊，以擬定出一個理性決策，但並
非每位決策者都能取得足夠的資訊。

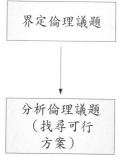

界定倫理議題
◆確認是否有衝突發生？
◆衝突的層次為何？
◆在思考及情感層次上是否引起疑問？
◆這些疑問是否具有道德成分？

分析倫理議題
（找尋可行方案）
◆找出利害關係人之間的關係
◆評估每一利害關係人的利益與權力本質
◆建構利害關係人的道德責任矩陣
◆找尋可行方案
◆其他人對這些方案會有何看法？

導入倫理理論 （從各種道德 觀點評估行動 方案）	◆哪一個方案可以導致最好的結果？ ◆哪一個行動能公平對待每一個利害關係人， 　且無任何偏袒或歧視？ ◆哪一個行動會比較尊重與保護個人道德權 　利？ ◆哪一個行動有助於發展與維持個人良好的人 　格特質？ ◆哪一個行動是別人也這樣做時，自己也會接 　受？ ◆哪一個行動會符合個人之基本責任？
制定決策 （選擇最佳行動 方案）	◆進行敏感度分析 ◆思考決策的結果對利害關係人造成的影響 ◆一個有品德的人是否會如此做？ ◆此決策是否可化成一般準則以用之於類似情 　況？ ◆對於那些有很好判斷力的人，對我的決策會 　有什麼看法？
決策回顧	◆回想決策是否正確？ ◆對決策是否滿意？ ◆其他人也回顧我的決策時，他們的看法是否 　與我一致？ ◆從結果中學習 ◆將滿意的結果融入生活中

圖 6-3 倫理導向之決策制定方法
資料來源：許孟祥、黃貞芬、林東清（1996）

　　綜上所述，各倫理決定模式大致可歸納為面臨倫理議題、相關倫理問題的資料蒐集、研擬各種倫理決定方案、選擇較佳的方案、倫理決定後的執行、倫理決定執行之後的評估，以圖 6-4 示之，並進一步說明如下：

　　1. 面臨教育行政倫理議題：之所以會有教育行政倫理決定，是因為教育行政人員會面臨或遇到各種倫理議題，倫理議題或兩難

困境可能來自教職員工,也有可能來自學生或家長等。

2. 蒐集分析有關倫理問題的資料:教育行政人員當遇到倫理議題時,宜先蒐集分析相關資料,可以諮詢專家學者,例如法律顧問,也可以組成小組蒐集資料。

3. 研擬各種倫理決定的行動方案:在盡可能蒐集多方面意見及資訊後,可以研擬各種行動方案。

4. 從各種方案中選擇較佳的行動方案:研擬各種決定及行動方案後,評估各種方案的利弊得失,然後選擇較佳行動方案。

5. 執行所做的倫理決定:選擇較佳行動方案之後,即執行並實踐所做的倫理決定。

6. 評估執行後的結果及成效:最後應該針對執行的結果及成效,進行評估、檢討及反省,以做為未來面對相關倫理議題進行倫理決定的參考。

圖 6-4 教育行政倫理決定模式
資料來源:筆者自行整理

參、影響倫理決定的因素

經由前述各種倫理決定的過程或模式中,已大約可知影響倫理決定的相關因素。Robbins 和 DeCenzo 認為,倫理觀念不強的人,如果規則、政策、工作準則或強烈反對錯誤行為的文化規範所約束,他們犯錯的可能性就會小得多。相反的,很有倫理道德的人在一個允許或鼓勵不道德行為的組織及文化氣氛中,則很有可能受到賄賂(吳奕慧

等譯，2004：91）。Greenberg 也指出，許多不同的情境因素會導致人們在工作中的不道德行為，他認為不道德行為的情境決定因素主要有三分別是：(1)某些管理的價值觀貶低正直廉潔；(2)有時組織會鼓勵違反道德標準的行為；(3)領導者不道德行為（張善智譯，2006：43）。

　　吳成豐（1995）以製造業、服務業、政府機關，以及非營利的基金會、學校、醫院機構等四類組織的高中低階主管為施測對象，結果發現，四類組織多反應出最容易影響道德的考量因素是「組織整體利益的考量」，其次是「就事論事」式的「對事」的嚴肅考量，也就是凸顯出四類組織考量涉及道德問題的決策情境時，顯現出重視組織整體利益與就事論事的思維途徑。江明修（1998）彙整出關乎台灣行政倫理與決策價值之重要概念，分別為：階層、效率、公道、責任、專業化、政治化等六項。胡中宜（2003）探討社會工作人員專業倫理決策過程，研究指出社會工作倫理決策的脈絡有六大因素：情境因素、機構內因素、機構外因素、同僚因素、決策者因素及案主因素。蕭武桐（2002：322-325）曾以個人特質及環境因素來解釋倫理決策，在個人特質方面，包括認知道德的發展、控制範圍、性別及其他的個人變項，在環境的變項方面，則包含獎懲結構、重要人物或參考別人、組織政策及倫理行為守則、高階管理的承諾。

　　在教育界方面的研究，周百崑（2004）探討國民小學校長倫理決定外部控制、倫理決定內部控制及倫理決定價值觀，研究結果顯示：(1)國民小學校長倫理決定外部控制現況屬於中上程度，以「行政結構」層面的傾向較強；(2)國民小學校長倫理決定內部控制現況屬於中上程度，以「道德發展」層面的傾向較強；(3)國民小學校長倫理決定價值觀現況是屬於中上程度，各層面上以「品質」層面的傾向最高，「正義」層面的傾向最低。蘇芊遐（2007）研究國民小學校長決策風格與倫理決定的相關，結果顯示：校長的決策風格各層面皆呈中上程度反應，其中以「指導型決策風格」反應最高，倫理決定各層面亦呈

教育行政倫理

現中上程度反應，且以「關懷倫理」層面反應最高；校長的決策風格與倫理決定之間有中度偏高之相關。

綜合上述，研究者認為影響校長倫理決定的因素有三，如圖 6-5 所示，分別是個人因素、組織環境因素及行政倫理決定的歷程：(1)個人因素包含校長的價值觀、決策風格及人格特質等；(2)組織環境因素包括學校內部因素、學校外部因素等；(3)行政倫理決定歷程則包括相關資料的蒐集、分析、決定及後續的評估等。

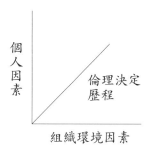

圖 6-5　影響校長倫理決定的因素
資料來源：筆者自行整理

肆、結語

所謂行政倫理決定是行政人員面對各種倫理議題時，融入倫理的考量，所做出的決定。學校行政人員在行政運用過程中，常會遇到各種令人困擾及左右為難的倫理議題，例如家長與教師的衝突、不適任教師的問題、學生問題的處理等，是故學校行政人員面臨各種倫理議題時，必須融入適切的倫理及道德考量，才能做出審慎且明智的決定。

基於教育行政倫理決定的重要性及價值性，本章首先探討倫理決定的意義，其次說明倫理決定的模式與步驟，並歸納倫理決定模式大致可分為面臨倫理議題、相關倫理問題的資料蒐集、研擬各種倫理決

定方案、選擇較佳的方案、倫理決定後的執行、倫理決定執行之後的
評估等幾個步驟,本章最後闡述影響倫理決定的因素,指出影響校長
倫理決定的因素有三,分別是個人因素、組織環境因素及行政倫理決
定的歷程,以供教育領導者及學校行政人員之參考。

教育行政倫理

7 轉型領導、靈性領導與教育行政倫理

壹、前言

　　領導存在於團體中，藉著領導者影響力的發揮，充分運用人力物力，而有效地達成組織目標的一種歷程或行為。進而言之，學校領導是在學校環境中，藉著學校行政者影響力的發揮，充分運用人力物力，而有效地達成學校組織目標的一種歷程或行為（蔡進雄，1993：13）。

　　Bryman（1992: 1）認為，領導理論的演進可區分為特質取向（trait approach）、方式取向（style approach）、權變取向（contingency approach）、新型領導取向（new approach）。陳樹（1998：29-33）將領導理論的發展區分為傳統領導理論及新興領導理論，前者主要為特質理論、行為理論與情境理論，後者包括魅力領導、轉型領導、文化領導、願景領導、符號領導或魔力領導等，其中轉型領導為新興領導理論中最典型的代表。

　　張德銳（1994）及蔡進雄（2000）則均認為，領導理論的演進可分為特質論、行為論、權變論及轉型領導，各時期理論的內涵如下：

　　1. 特質論：運用科學實徵研究領導，最早開始於特質論的研究，但有關領導特質的研究結果，各家結論紛歧，且理想的領導特質為何？又難一概而論，因而領導研究逐漸轉向領導行為的研

究。

2. 行為論：特質研究強調靜態人格的分析，而行為理論研究著重
外顯行為的探討，但行為理論未能考量情境，因此領導研究不
得不另闢途徑。

3. 權變論：權變論認為沒有最好的領導方式，領導行為應隨情境
而調整，不能一成不變。領導之權變論以 Fiedler（1967）的權
變理論最為有名。

4. 轉型領導：1990 年代之後，有各種新興領導理論的提出，其
中以轉型領導最廣為領導研究者及學者專家所注意。

　　經由上述，可以了解領導理論的演變至今，轉型領導是目前領導
理論的顯學，此外，在物質文明進步而心靈層次有待提升的二十一世
紀，靈性領導亦已成為領導研究的重要議題，而轉型領導與靈性領導
均與教育行政倫理有密切的關係；基於此，以下就分別闡述轉型領導
與教育行政倫理，以及靈性領導與教育行政倫理，以供教育行政工作
者的參考。

貳、轉型領導與教育行政倫理

一、轉型領導的意涵

　　J. M. Burns 於 1978 年最早提出轉型領導之概念，Burns（1978:
20）以 Maslow 的需求層次理論來界定轉型領導的意義，他認為：轉
型領導是領導者與成員相互提升道德及動機至較高層次的歷程。例如
印度的國父甘地，就是轉型領導者最好的例子。Peters 和 Waterman
（1982：82）指出，轉型領導是建立在員工對意義的需求上，同時也
創造出組織的目的（Bryman, 1992: 96）。

　　Bass（1985: 22）主張轉型領導係「創造超越期望的表現」，藉
由增加成員的信心及提升工作成果的價值，以引導成員做額外的努

力。Bryman（1992）認為，轉型領導、魅力領導理論，與過去的領導理論所強調的有所不同。從表 7-1 可以得知，轉型領導強調願景與使命而不強調計畫，著重傳遞願景而不著重分配責任，注重引起動機與激發鼓舞而不強調控制與問題解決等。

表 7-1　新型領導理論所強調的主題

較不強調	較強調
計畫	遠景／使命
分配計責任	傳遞願景
控制和問題解決	引起動機和激發鼓舞
創造例行事項和均衡	創造變革和革新
權力維持	賦予成員自主
創造順從	創造承諾
強調契約責任	刺激額外的努力
重視理性，減少領導者對成員的依附	對成員感興趣並靠直覺
對環境的回應	對環境有前瞻做法

資料來源：Bryman (1992: 111)

　　綜上所述，可以了解轉型領導是一新型領導理論，有別於過去的領導理論，所強調的重點也與以往的領導理論不同。綜言之，轉型領導可以定義為，領導者藉著個人魅力及建立願景，運用各種激勵策略，提升部屬工作態度，以激發部屬對工作更加努力的一種領導（蔡進雄，2000：21）。

二、轉型領導與倫理的關係

　　美國教育學者 Sergiovanni（1992）鑑於過去的領導太過於重視領導行為與技術，而忽略了領導者的信念、價值觀與個人的願景等道德層面，無法使領導發揮最大的功能，因而提出道德領導（moral leadership）（謝文全，1998）。而轉型領導致力於將部屬之道德提升至較高層，且經由激勵鼓舞及關懷部屬等策略，使成員更加努力工作，這些內涵與道德領導理論都有密切相關。

　　此外，最早提出轉型領導概念的 Burns（1978: 20），是以 Maslow 的需求層次理論來界定轉型領導的意義，他認為：轉型領導是領導者與成員相互提升道德及動機至較高層次的歷程。換言之，若以 Maslow 的動機層次理論來分析，轉型領導無疑是領導者希望能將部屬之工作動機，提升至自我實現的境界，而非僅限於利益之交換以求自保（秦夢群，1997：474）。

　　再者，若以轉型領導與互易領導進行比較，轉型領導是領導者藉著個人魅力及建立願景，運用各種激勵策略，提升部屬工作態度，以激發部屬對工作更加努力的一種領導；而互易領導是領導者基於交換的基礎上，對部屬運用獎懲、協議、互惠等方式，以使部屬努力工作的一種領導（蔡進雄，2003b：7-8）。從表 7-2 可知，Kanungo 和 Mendonca（1996: 72-73）指出，轉型領導與互易領導在領導影響歷程上有所不同，其中互易領導之影響策略是控制，強調成員的順從，且基於交換的心理機制，權力基礎為強制權、法職權及獎賞權，導致降低成員的自我價值感；而轉型領導的影響策略則是授權賦能，強調改變追隨者的核心態度、信念與價值，能增加成員的自我效能感信念及自我決定，權力基礎是專家權及參照權，因為認同與內化而能使追隨者自我成長並成為自動自發的人。Ferrell、Fraedrich 和 Ferrell 亦認為轉型領導人會傳染一種使命感，激發思考的新方法，增加或產生新的學習經驗，同時考慮員工需求和組織需求，並確立承諾和尊重價值，以建立如何處理倫理爭議的一致性。也就是說，轉型領導人透過分享的願景和共有的學習經驗，致力於促進倫理活動和行為，因此轉型領導人比互易領導人對建立倫理文化有更強的影響力（黎正中譯，2008：131）。

　　Starratt 進一步以互易領導和轉型領導的概念，提出互易倫理（transactional ethic）和轉型倫理（transformational ethic）的概念。互易倫理之重點在於一些交換的協議，如果你去做那個的話，我就會做這個；而轉型倫理需要教育領導人要求學生或是教師，為了達到更高

的理想，而排除私利。吾人應該超越互易倫理，而致力於具利他精神之轉型倫理（黃乃熒、劉約蘭、曹芳齡、黃耀輝、張靜瑩譯，2008：4-9）。

　　整體而言，依 Kanungo 和 Mendonca（1996：73）的觀點來看，轉型領導強調對部屬的授權賦能，及著重領導者的專家權及參照權，是符合倫理的領導行為，而互易領導強調控制與交換，是屬於非倫理的領導行為。Ferrell 等人亦認為在倫理的建立上，轉型領導比互易領導更有影響力。Starratt 也鼓勵教育領導人應該展現具利他精神之轉型倫理。

表 7-2　互易領導與轉型領導的影響過程比較

領導影響歷程	互易領導	轉型領導
策略	控制（control）	授權賦能（empowerment）
行為結果的領導者目標	強調順從行為	改變追隨者的核心態度、信念和價值
心理機制	重要資源的社會交換	增加自我效能感信念及自我決定
權力基礎	強制、合法、獎賞	專家與參照
態度改變過程與影響	過度控制的順從常常導致有損追隨者的自我價值感且像機器人	認同與內化而能使追隨者自我成長且是自動自發的人
道德應用	非倫理（unethical）	倫理（ethical）

資料來源：Kanungo & Mendonca (1996: 73)

三、轉型領導在學校組織的實踐

　　誠如秦夢群（1997：474）所言，互易領導守成有餘卻開創不足，要使一個學校起死回生或是放大光彩，則要有轉型領導的實施。吳清山和林天祐（2003b：13）也指出，互易領導最多是只能促使組

織成員被動的工作，要使每一位組織成員都能成為推動組織革新的動力，確保永續成功，則必須進一步仰賴轉型領導的催化。

轉型領導著重發展及創新組織文化，而互易領導僅於維持既有的組織文化。經營一所學校，如果只想平安過日及維持現況並不困難，但若要追求卓越及創新發展，就需要投入更多的精力與時間，而轉型領導正可以給學校領導者一個新的方向，藉此追求優質而卓越的學校（蔡進雄，2003b：17-18）。

至於學校行政領導者如何運用轉型領導，Yukl（2002: 263）提出以下的看法，值得參酌採考：

1. 表達清楚而具有吸引力的願景。
2. 解釋願景將如何達成。
3. 表現出信心與樂觀。
4. 表達對追隨者的信心。
5. 使用戲劇性、象徵性之行為，以強調關鍵性的價值。
6. 以身作則（Lead by example）。
7. 使成員授權賦能以達成願景。

參、靈性領導與教育行政倫理

在物質貧乏的農業社會，一個人的主要健康是身體的健康；到了工商社會物質富裕，便由身體健康轉為心理健康（吳秀碧，2006：27）。也就是說，農業社會或人類更早時期，主要所追求的是身體健康，之後身體溫飽沒問題進而追求心理健康，但人類仍覺心靈空虛，及至二十一世紀人類轉而追求靈性健康。Maslow 到了晚年更為重視靈性，為什麼 Maslow 晚年有如此心境上的轉變？主要是 Maslow 親眼看到了人本思潮過度強調自我的個體性所帶來的遺害，如自私心及神經式的自我中心傾向等；此外，他由東方的經典中發現其與其他文化中的自我觀極其不同，十分強調「大我」，然後才論及「小我」的

問題（林佳璋，2003：196）。

基於上述，以下將先闡述靈性與靈性領導的意涵，其次說明關懷倫理與靈性領導的關係。

一、靈性與靈性領導的意涵

靈性的定義常因人而異且很廣泛（Summer, 1998：28），李安德（1992：301）在《超個人心理學》一書中指出，靈性是指人類的超理性、超越性或超個人的層次，和生理、情緒及理性層次一樣真實，一樣是屬於人的內在本質。David Moberg 認為，靈性可分為水平與垂直兩面向，與上帝的關係是垂直面，而生命目的及生活滿足感是水平面。靈性包含尋求超越、目的、耐力、平和、安靜、關聯和希望（Summer, 1998: 29）。此外，Gardner 曾從靈性是思考有關宇宙或存在方面的問題、靈性是存在狀態的一種成就、靈性是對他人的影響力等，闡述靈性的意涵（李心瑩譯，2000：89-92）。

Morris 指出，「深度」與「關聯」是靈性兩大重點，一個人的性靈發展得愈成熟，就能在待人處事時超越表面的虛象，看清事件的深度意義與重要性（游敏譯，1999：241）。

David Elkins 與四位心理學家描述真正靈性人士（不論信仰宗教與否），包括了九種因素（李安德，2002：274-275；Elkins, Hedstrom, Hughes, Leaf, & Saunders, 1988: 10-12）：

1. 超越的層次：他相信且經歷生命的超越層次，並由其中汲取力量。

2. 生活的意義與目的：他相信生命具有深刻意義，他的存在必有一目的。

3. 生活有一使命：某種天職及使命感，成為他行動的至高動機。

4. 生命的神聖性：他相信所有的生命都可以也應該成為「聖的」。

5. 對物質價值的不同心態：他懂得物質的享受，卻不把它視為最

高的目的。

6. 博愛：他有很強的正義感及慈悲心，善於服務及愛人。

7. 理想主義：他願為高尚的理想及改善世界而獻身。

8. 對痛苦的意識：感受到人類的痛苦，但不會削減他對生命的欣賞與重視。

9. 靈性上的成就：將靈性展現在他與自己、他人、自然及終極存在的關係上。

Ashmos 和 Duchon（2000）陳述職場靈性是藉由對社會有意義的工作，來達到自我內在生命的認同（引自林孟彥譯，2003：49）。

Zukav 和 Francis（2001: 23-47）指出，靈性發展的重要步驟是往內心看而不是聚焦於外在環境，而同情與智慧是靈性成長的產物。

Aburdene 認為，靈性是無形的事物，靈性大致涵蓋五項特徵：(1)意義或目的；(2)同情；(3)意識；(4)服務；(5)福利。Aburdene 並指出這些精神的事物，例如：內在的平靜、人生目標、使命、親密關係及對人付出等，都能喚起非物質或是精神上的事情（徐愛婷譯，2005：56-57）。

楊克平（2000：514）陳述靈性是一個廣泛的概念，包含了價值、意義與目的，人類將之內向發展成個人的誠實、愛、關懷、智慧、想像力與憐憫心等特質。

蕭雅竹（2002：346）認為，靈性是一種生活方式，可以視為一個人最核心、最深沉的部分，是一種自我與自我，自我與他人及環境、自我與宇宙或是至高無上力量之間的關係。

莊錫欽（2004）所建構的教師靈性特質包括無常與感受、合作成長、尊重他人、知足歡喜、檢討改進、關懷服務、身心平衡、快樂付出、平等之心及懺悔寬恕等十個層面。

黃淑貞（2005）將靈性健康分為自我與自我、自我與他人、自我與環境、自我與神的關係等四個向度。

楊仕裕（2007：78）認為，靈性發展與認知、歸屬對象及社群認

同有關，發展出的能力是生命智慧，面對生命本質的意義、信仰（faith）及核心價值，能進行自我理性的認知、思考、超領域統整、綜合判斷、解決問題、學習及應用，而持續保有生命的終極價值、意義及具靈性發展能力的慧根（智慧根源）。正當的宗教信仰可以幫助人生意義及核心價值的形成，但取決於個人自由意志的抉擇。

吳清山和林天祐（2003b：124）表示，靈性領導又稱心靈領導，亦稱精神領導，係指一位領導者具有明確宗教信仰和崇高道德情操，能夠以身作則，樹立典範，發揮宗教家魅力，影響所屬成員，為朝向共同目標而努力。靈性領導來自於我們內在的靈魂，透過個人心靈與上帝（神）靈性的交會，開啟個人信仰上帝（神）的存在，引領個人的行為與建立個人的價值。所以，靈性領導不是建立在科層領導基礎上，它不屬於科層領導的角色與頭銜。

綜合以上有關靈性意涵之說明，靈性可定義為：係指探索自我與自我、自我與他人、自我與環境、自我與宇宙之關係，其內涵包括尋求超越、意義、使命、目的、平靜、關聯等。因領導係指影響力的發揮，故以教育領導的角度觀之，應特別強調領導者自我的探索與超越，以及領導者個人與他人的關係。在個人與自我方面，靈性領導強調超越、自省及生命意義的探索，在自我與他人之間則強調利他、助人、慈悲、關懷、貢獻與愛（蔡進雄，2006a）。

二、靈性領導與關懷倫理

在 1980 年代出現的倫理觀點是關懷（caring）的觀點，這種觀點始自 Gilligan 的著作 *In a Different Voice*，而至 Noddings（1984）始在教育領域漸受重視。Noddings 批評傳統的倫理學觀點均強調理性，而貶低感情、個人生活的價值，這些論點剝奪了人性，因為它們忽略人與人之間的接觸、投射作用或同為一體的感覺等等。換言之，關懷倫理是從關係的研究開始，其基本關心的議題是人與人如何接觸以及如何相互對待。關懷強調的是關懷者與被關懷者之間的關係（郭玉霞，

2001：386-387）。而關懷倫理學所認為的最有意義的關懷是幫助對方成長與自我實現（方志華，2002：11）。

由上述可知，關懷倫理與靈性領導兩者均強調關懷及協助對方自我實現，因此靈性領導之實踐亦符合了倫理行為與精神。

三、靈性領導在學校組織的實踐

Fairholm（2000: 113-119）從靈性領導的工作任務、靈性領導的過程等方面，闡述如何展現靈性領導。就工作任務方面而言，靈性領導應包括：(1)工作勝任感（task competent）；(2)設定願景（vision setting）；(3)服務（servanthood）。其次，在領導的過程方面，靈性領導應包涵：(1)建立社群及個人整體感；(2)設立高的道德標準；(3)服務（stewardship）。Moxley（2000: 210-211）指出，如果領導和靈性是交織在一起，則應做以下十項選擇：

1. 我們必須選擇勇氣勝過於共謀。
2. 我們必須選擇互賴勝過於依賴。
3. 我們必須選擇合作勝過於競爭。
4. 我們必須選擇社群勝過於科層。
5. 我們必須進行內心旅程以擁抱陰影。
6. 我們必須選擇了解並成為真正的我及整全的我。
7. 在領導活動中，我們必須辨識及使用我們的天賦。
8. 我們必須捨棄強制權而採取個人權。
9. 我們必須放棄尋找英雄領導者，而必須尋求夥伴關係。
10. 在我們的工作及領導中，我們必須選擇使用心理、生理、情緒及靈性。

除了參酌上述領導作為之外，教育行政人員亦可以從「將靈性視為學校領導者的重要修煉」、「創造富有意義的教育願景」、「以服務及利他精神幫助教師自我實現及自我超越」、「營造教師專業學習社群」等方面，在學校領導過程中實踐並展現靈性領導（蔡進雄，

2006b）。

　　事實上，靈性領導對於教育行政倫理確有其啟示，倘若教育行政領導者能實踐靈性領導，則是一種利他、愛與關懷之高度倫理行為表現。

肆、結語

　　所謂倫理就是考慮他人，心中有他人，這才是倫理。在新世紀，我們最需要的是一種對「他者」與「差異」的尊重與無私奉獻的情懷。因為唯有尊重差異，心中常有他者，才有正義可言，而且不但要尊重他者，且要聆聽他者，進而與他者交談，使差異彼此相互豐富，如此才會有真正的和平（沈清松，2004：84-203）。人有利己之心，也有利他之心。沒有利己之心就不可能生存，沒有利他之心不可能發展成社會（孫震，2006：162）。

　　職此之故，就轉型領導而言，轉型領導除了強調領導者的魅力及組織願景的建立外，更重視對成員的個別關懷及授權賦能，而就靈性領導來說，其領導行為更著重利他精神之展現及積極協助成員自我實現。質言之，教育領導者若能適時採行轉型領導及靈性領導，重視成員的需求與成長，則將有助於領導者與成員間的人際互動。實踐轉型領導與靈性領導，不僅能激勵成員的工作士氣，同時也彰顯了教育領導者正向、利他、關懷及心中有他人的倫理行為。

教育行政倫理

chapter 8

校園倫理與教育行政倫理

壹、前言

當前我國社會，由於經濟的快速成長、政治的日趨民主開放，導致社會結構的加速變化。影響所及，學校環境也受到極大的衝擊。尤其是近幾年來，校園內升學主義與功利傾向日趨嚴重，學生越軌行為與暴力侵擾事件亦層出不窮，使得有心人士不得不提出重振「校園倫理」的呼聲（陳奎熹，1990：81）。另一方面，由於《教師法》等相關法令的實施與推動，亦使得校園內校長與教師、學校行政人員與教師之間的互動關係產生某種程度的改變。

質言之，新世紀應有之校園倫理已與過去的的校園倫理有所不同，因此校長及教育行政人員應體會此一變化，而調整心態並表現出適當的領導行為，進而營造溫馨和諧、積極正向且有助學生成長的校園倫理。基於此，本章將先探討校園倫理的意義，其次，敘述校園倫理的內涵，最後從學校行政的角度論述如何增進校園倫理。

貳、校園倫理的意義

郭為藩（1986：79-84）表示，我們強調學校倫理，倫理的關係不是權利與義務的關係，而是一種人際的、一種情感的關係；權利與義務是比較屬於理的，而倫理是比較屬於情的層面。另一方面，學校

教育行政倫理

倫理包括了教師與教師間的關係、師生之間的關係、學生間的同學關係，以及教育行政的領導關係。歐陽教（1986：22）認為，校園倫理或是學校倫理，是維繫校園內外人倫和諧的良好規範。林清江（1987：63-64）認為，學校倫理是一種社會規範，它是由三種人群關係所形成：(1)師生關係；(2)學生同儕關係；(3)教師與家長的關係。換言之，維持適當的師生關係、學生同儕關係、教師與家長關係的社會規範，稱為學校倫理。學校倫理是維繫學校秩序的綱紀，也是發揮教育功能的動力。陳奎熹（1990：83）指出，校園倫理乃是學校中的社會規範，具體而言，是指學校中校長、教職員、學生、家長間「應有的」、「良好的」人際關係。高強華（1996：58）指出，學校的倫理意指學校人際之間的規範，是維繫學校秩序的綱紀，也是發揮教育功能的動力。張素偵（2002：73）將校園倫理定義為：規範學校相關人士間的身分關係及其應盡義務，其目的在於維繫學校秩序的綱紀，以求學校的進步與革新。

　　吳清山（2002b）將傳統社會和知識經濟社會校園倫理之比較歸納，如表 8-1 所示。在知識經濟社會的校園倫理，呈現出多元、複雜、彈性、模糊等各種特性，是故傳統校園倫理的舊思維必須有所調適，方能因應知識經濟社會的時代需求。楊雪真（2003）陳述校園倫理是指包括校長與教師、教師與教師、教師與學生、教師與家長、學生與學生等校園所有的人際互動；若這些互動都能達到和諧，則能使校園在安定中求進步，否則校務就很難推動。

　　綜言之，校園倫理是學校行政人員（含校長）、教師、學生及家長等學校相關利害人間應有且適當的關係，亦即學校行政人員與教師、教師與教師、教師與學生、學校或教師與家長等彼此間應有的行為與關係。

表 8-1　傳統社會和知識經濟社會校園倫理的比較

	傳統社會的校園倫理	知識經濟社會的校園倫理
價值觀	一元	多元
權威體系	嚴密	寬鬆
人員地位	上下	平等
人際網絡	單純	複雜
情感維繫	濃厚	平淡
接觸機會	頻繁	有限
內在規範	固定	彈性
次級文化	簡單	繁多
個人角色	明確	模糊

資料來源：吳清山（2002b：22）

參、校園倫理的內涵

　　如前述，校園倫理是學校行政人員（含校長）、教師、學生及家長等學校相關利害人間應有且適當的關係，因此以下就「學校行政人員與教師的關係」、「教師與教師同儕間的關係」、「教師與學生的關係」、「學校或教師與家長的關係」分別闡述之。

一、學校行政人員與教師的關係

　　學校行政人員除人事、會計、幹事、護士外，多數是由教師兼任。不管是行政人員辦學，或是教師教學，其最終目的都是以學生成長為著眼，以作育英才為依歸；而在行政人員當中，又以校長的領導風格對校園倫理的影響最深（張素偵，2002：74）。但校長與教師之間應避免「長官─部屬」的官僚關係，而應是採取民主平等、相互尊重的對待方式（陳奎熹，1990：84），才易營造良好的校長與教師間的人際互動關係。

　　此外，何福田（2006：92-99）亦指出校長的「三不可五應該」，對於建立校長與教師間的良好關係亦可供參考。「校長的三不

可」是：不可泯滅良知、不可目無法紀、不可眷戀職位；「校長的五應該」是：堅持正確的教育目標、營造健康的學習環境、激勵有效的工作團隊、爭取廣泛的社會資源，以及凝聚共同的發展願景。

質言之，學校行政人員與教師之間係，在法職上有上下部屬的關係，但實際互動上宜彼此尊重，並共同參與校務之各項決策，如此才能營造彼此的互動關係。

二、教師與教師同儕間的關係

教師同事之間的非正式團體，猶如學生的同儕團體一樣，也會逐漸形成他們自己的價值或規範，這些價值與規範對於團體中的成員具有相當的約束力（陳奎熹，1990：87）。自從教師會、教評會等制度成立及九年一貫課程的實施，今後教師之間的互動必然有增無減，而教師比其他團體有較高的知識水準，如能摒除個人成見，打開心胸，接納同事良心建議，為專業成長共同努力奮鬥，應能營造和諧的校園氣氛（張素偵，2002：75）。易言之，教師與教師間的關係，在生活上應該彼此互信互助，在教學專業方面，則可以成為學習夥伴，進而形成學習社群，以促進教育專業成長。

三、教師與學生的關係

在我國傳統社會中教師頗受尊敬，所謂「天、地、君、親、師」，但隨著知科技的進步及社會環境的變遷，師生之間的關係已有了改變。

新世紀的教師應能從教學活動中，表現在其知識、技能、社會性、人格情操各方面，是一位值得學生信賴的專業工作者，而不應再以「地位偶像」（status figure）自居（陳奎熹，1990：181）。換言之，教師若只靠傳統的權威，是無法讓學生心服口服，未來的師生關係，在教師方面除了正式角色的權威外，更應加強及培養更多的專業知能及願意為學生付出的專業精神，如此才能贏得學生及家長的肯定

與尊敬。

四、學校或教師與家長的關係

教師與家長間的關係應該是夥伴的關係，基於學生成長之考量，親師之間宜有密切的聯繫，教師願意傾聽家長的期待與需求，而家長也樂於接近教師，且能尊重教師的專業，如此當有助於學生的成長及親師關係的建立。另一方面，教師若行有餘力也應協助家長做好親職教育，使家庭教育與學校教育密切配合，一起為孩子成長共同努力。

另一方面，學校與家長的關係也應該是教育夥伴的關係，學校宜尊重家長的參與權，聽取家長對學校之建設性的意見，並善用家長的資源，共同為校務發展而努力。

肆、學校行政領導如何增進校園倫理

以下先敘述各家對促進校園倫理的觀點，之後從學校行政領導的角度闡述學校行政應如何增進校園倫理。

林清江（1987：69-70）指出，學校倫理的建立應該從價值觀念、學校制度及學校環境三方面著手。高強華（1996：59-60）檢討校園人際倫理面臨之挑戰與質變，進而提出下列可行的重建校園倫理之策略：(1)促進人文化的學校行政領導；(2)提升專業化的教師教學表現；(3)增進合理化的校園參與機會；(4)從事精緻化的校園規劃設計；(5)加強教育性的社區資源運用。李琪明（1999）認為，針對近年來校園倫理的變遷與挑戰，應將關懷、認同、主動、參與、溝通、共識、多元與自律等精神，融入學校生活脈絡中，其具體方向為：(1)專業精神與倫理的建立；(2)權力下放與分散的調適；(3)倫理社群與校風的營造；(4)溝通與批判反省的覺醒。

吳清山（2002b：27-28）陳述知識經濟社會之校園倫理的努力途徑為：(1)激發校園倫理意識，認知校園倫理精義；(2)訂定校園倫理規

範，提供成員行事準繩；(3)踐行校園倫理價值，促進校園良性互動；(4)培養相互關懷氣氛，塑造溫馨和諧校園；(5)建立優質校園文化，鼓勵成員向上向善；(6)多元創新想法，刺激校園活力進步；(7)鼓勵成員專業成長，發揮專業領導功能；(8)擴大道德教育效果。林志成（2002）指出，為了要營造「恰如其分、動態均衡」的現代校園倫理，應加速建立教育專業文化，因為專業是新校園倫理的靈魂。

綜合上述，以下由學校行政的角度，從「採取適當的領導方式」、「多用專家權與典範權」、「營造開放正向、溫馨和諧的學校組織氣氛」、「建立優質的校園文化」等四方面，論述如何增進校園倫理，闡述如下。

一、採取適當的領導方式

學校行政人員應該抱持行政支援教學的態度，事實上行政是手段，教學才是目的，是以學校行政人員宜抱持服務的態度，而不是權威的領導方式，如此才易建立良好的學校行政人員與教師互動關係。

至於校長與教師的關係，誠如陳奎憙（1990：84）所言，校長不宜以行政首長（administrative leader）自居，而應多以專業顧問（professional adviser）的態度來領導教師，例如經常會見教師，給與精神鼓舞，並協助其解決教學或訓導上的問題，果能如此必能提高教師士氣，且能形成良好的校園氣氛。

質言之，為建立適當的校園倫理，學校行政人員（含校長）與教師的關係，雖然在科層體制上有從屬關係，但宜從上下部屬轉變為彼此尊重及平等的夥伴關係，共同致力於學校發展及學生成長。

二、多用專家權與典範權

權力的來源與基礎大致為法職權、強制權、獎懲權、專家權及典範權（蔡進雄，2001a：23-24），學校行政人員在運用權力時，在法職權的基礎上，多運用專家權及典範權，特別是在知識經濟時代，學

校行政人員（含校長）應該多培養個人的專業知能，並做為師生的人格典範，如此才易贏得教師的尊重，而有助於正向之校園倫理的建立。

三、營造正向開放、溫馨和諧的學校組織氣氛

組織氣氛良好，成員沐浴其中，深受影響，其工作潛能較易發揮；反之，組織氣氛不佳，成員浸潤其中，亦受感染，其工作動機難免受到無意抑制（黃昆輝，1989：279）。黃昆輝（1989）指出，組織氣氛是一個組織有別於其他組織的獨特風格。秦夢群（1991）認為，組織氣氛本身是一抽象名詞，是團體中各組織份子交互作用所形成的。黃振球（1992）指出，學校氣氛是學校成員間互動的結果，而形成不同的氣氛，而使師生對學校有不同的感受。

具體而言，學校組織氣氛為一可體驗的抽象觀念，是學校領導者、成員與環境，彼此交互作用所形成的一種別於其他組織的獨特風格（蔡進雄，2001b：112）。學校組織如果洋溢著一片溫馨和諧、正向開放的氣氛，則將能促進教職員的工作動機、身心健康並提升學校效能，至於如何營造良好的學校組織氣氛，可經由校長、教師及學校行政三方面的共同努力，分述如下（蔡進雄，2001b：139）：

1. 就校長方面而言：平日應以身作則，以做為教師們的榜樣，時時關心教師的福利及個人發展，避免與教師過於疏遠，並且讓教師們明瞭校長的立場與職責。

2. 就教師方面而言：在工作時應表現出高度的合作精神，主動且樂意參與學校各類活動，遇有急難，同事間應相互探訪和協助，平時培養共同的興趣與嗜好，建立深厚的同事情誼。

3. 就學校行政方面：有關教師的教學，行政上應給與充分的支援與方便，並且避免增加教師教學以外的額外負擔。

總之，教育行政應該設法營造良好的組織氣氛，並使之對成員產生正面的影響，而這需要多方面的努力。就學校組織而言，行政方

面，可以先從校長做起，以身作則且不要與教職員太過於疏離，而行政各處室則應盡量給與教師充分的支持與支援，讓教師獲得更多教學及學生輔導上的協助，如此將易營造良好的組織氣氛，在溫馨和諧、正向開放的學校氣氛下，校園內之人際互動關係自然會產生良性的循環。

四、建立優質的校園文化

Reidenbach 和 Robin 指出，組織文化決定整個機關組織的道德發展，組織文化本質上必須經歷道德的發展，而目前有關道德的發展有五個階段：(1)非道德的（amoral）；(2)法律的（legalistic）；(3)回應的（responsive）；(4)顯現倫理的（emerging ethical）；(5)倫理的（ethical）。並非所有組織都會演進到最高階段，亦不是一定要從第一階段開始，大部分的組織都屬於法律的及回應的道德發展階段（蕭武桐，2002：191-192）。當適當的組織文化建立時，一種積極而清楚的倫理氣候將有助於所有的組織成員，在面臨倫理困境之際，能做出好的選擇。換言之，組織成員在從事其所認為是正確的行為時，都能體會到組織支援他們的信心（蕭武桐，2002：192；Schermerhorn, Hunt, & Osborn, 1991: 355）。以學校組織而言，學校若具有清楚而明確的校園文化，則教職員生在面對各種倫理問題，將會做出明智的抉擇，例如某校具有尊重師生的校園文化，則各種行政決策將會參考並尊重師生的意見，而不會獨自決定。

質言之，實施校園倫理先要建立校園文化，每個學校宜根據它的特性、功能、目標、課程、傳統等，有意的安排設計以建立它的校園文化。校園文化具有看不見的潛在力量，隨時隨地支配著學校師生成員的行為意念，這種力量對於校園倫理的實施是不可或缺及忽略的（林生傳，1986：61）。據此可知，校園倫理與校園文化兩者關係密切，有了良好優質的校園文化則校園倫理自然就易建立，是以營造優質的校園文化是重振校園倫理的重要課題。

　　所謂組織文化是組織與內外在長期互動後的產物，此產物包含信念價值、行為規範、態度期望、典禮儀式等，組織成員在平日學習之後，就自然而然表現出來，而形成組織的獨特現象（蔡進雄，2001a：152）。具體而言，校園文化表現於校訓、精神目標、校徽、校旗、師生校友共同的通稱或綽號、學校行事方針、課程教學的實施、環境設計等，而實踐於師生的日常生活之中（林生傳，1986：61）。因此，為了塑造良好的校園文化，必須建立學校組織的價值、規範與期望，用心規劃各種典禮儀式，並充分利用人造器物彰顯學校文化，藉此營造良好的校園文化，而教職員生在優質校園文化的薰陶之下，校園中成員間自然有良好的人際互動及倫理關係。

　　安隆（Enron）弊案是一個令人深刻的案例，一個營業額突破一千億美元，為美國第七大企業，在不到十五年的光景，便宣告倒閉。其影響所及，不但造成美國股市接連數月下滑，貸款給安隆的美國、歐洲及亞洲債權銀行損失已超過五十億美元。另外，持有安隆股價的共同基金及退休金的投資者，以及將員工退休金大部分投資在安隆股票的安隆員工，損失也高達近四十億美元（劉智仁，2005）。在此弊案中，吾人可了解，不倫理的組織文化如何影響組織成員及整個組織，也就是只求賺取利潤而不擇手段的文化，使得安隆公司走向解散之命運。是故，組織文化並非一種具象之事物，但它卻是組織成員共同的思維模式，深深影響組織的運作。若有良好的組織文化，且員工也能悉透公司無形之共同價值理念，則能使組織效能提升，同時也能避免做出錯誤的不倫理行為（劉智仁，2005）。

　　從上述安隆弊案的陳述與分析中可知，無形的組織文化對成員態度及行為的影響甚大，若是不良的組織文化將會誤導成員的行為，而成員在不知不覺中「視為理所當然」，因而可能會做出違背道德倫理的行為與錯誤的倫理決定。

　　基本上，學校應該營造以學生為中心、積極向上、卓越創新、溫馨和諧、樂於付出與分享等正向的學校文化，而不是相互排擠牽制的

「螃蟹文化」（周雲昌，2005），或者是不願追求卓越的中庸文化。一言以蔽之，教育領導者應致力於優質學校文化的規劃設計與引導，在優質學校文化之環境下，學校行政人員、教職員與學生自然會受到潛移默化的影響，消極面能有所不為，且避免不倫理的行為，積極面則能有所為而表現出合乎倫理的行為。

伍、結語

由於社會變遷及家庭功能失調，學校教育獨撐大局，教師的責任日益繁重，校園倫理卻有式微沒落的跡象（楊雪真，2003）。平心而論，校園倫理是社會倫理的最後防線，若亦墜落，則整個社會倫理絕對蕩然無存（何寄澎，2000）。可見，重建校園倫理的重要性，誠如歐陽教（1986：39）所言，沒有倫理，則沒有教育；沒有校園倫理，則沒有學校教育。教育活動涵蘊著倫理價值，沒有一種學校教育可以健全運營，除非其校園倫理一片祥和。

職此之故，本章首先探討校園倫理的意義與內涵，所謂校園倫理是學校行政人員（包含校長）、教師、學生及家長等學校相關利害人彼此間應有的關係，而學校行政與領導宜從「採取適當的領導方式」、「多用專家權及典範權」、「營造正向溫馨和諧的學校組織氣氛」及「營造良好的校園文化」等四方面加以努力，以建立適切的校園倫理。

9 正義倫理與關懷倫理的析論與教育行政倫理

壹、前言

倫理學是論究人類以人性為根源的道德本質，辨明道德法則的最高標準，確立人生至善的理想，以判斷人群生活關係之行為善惡與價值，並指示人生應有的道德修養，以求其實現圓滿做人目的的規範科學（林有土，1983：14）。簡而言之，倫理學就是做人的學問（鄔昆如，2006：1）。

學校行政倫理是倫理學概念與學校行政學概念的結合，是學校行政人員在行政運作過程中融入倫理的考量，使行政作為或決定能依循倫理規範與原則，表現出正確而正當的行為，並積極盡責且追求創新，為學生謀取最大的利益，以促進學校教育目標的達成（蔡進雄，2004）。有關學校行政倫理或教育行政倫理之內涵，主要包括效益論、義務論、德行論、關懷倫理、正義倫理及批判倫理等，其中關懷倫理與正義倫理兩者常被學者拿來對比，並做為探討的議題（Gerstl-Pepin, Killeen, & Hasazi, 2006; Katz, Noddlings, & Strike Eds., 1999; Killen, 1996; Liddell, 1996; Twohey & Volker, 1993）。從正義倫理與關懷倫理研究的歷史脈絡來看，在 Gilligan（1982）發表《不同的語音》（*In a Different Voice*）一書之前，普遍是根據 Kant 的道德哲學為基礎來解釋道德人格發展。根據 Kohlberg 的道德人格發展的研究，

道德人格發展最後是確立超時空之普遍道德原則與道德義務，而Gilligan 則是將女性的道德觀稱為關懷倫理學（ethics of care），以別於 Kohlberg 的道德人格發展模式下的正義倫理（ethics of justice）（吳秀瑾，2006：109）。亦即，Kohlberg 從心理學的立場整合啟蒙運動自 Kant 以降的思想，而建構了有名的正義倫理，但女性學者 Gilligan 則提出了關懷倫理，認為 Kohlberg 的正義倫理只反映了男性的認知，由於正義／關懷的二分，因而引起諸多學者的討論（簡成熙，2000：185）。易言之，關懷倫理在正義倫理之後被提出，且關懷倫理與正義倫理兩者常被一併探究與討論，而關懷倫理與正義倫理對於學校行政領導方面，亦有其啟示及值得探討之處。

　　基於此，本章首先敘述正義倫理的意涵及其運用在學校領導的作為，其次說明關懷倫理的意涵及其運用在學校領導的作為，之後分析比較正義倫理與關懷倫理的差異，接著從情理法觀照正義與關懷在學校行政的實踐，最後以正義與關懷的合唱之隱喻，闡述正義倫理與關懷倫理對學校領導的啟示，以供學校行政領導者之參考。

貳、正義倫理的意涵及其運用在學校領導的作為

　　古代中國人對於正義的一般解釋為，正義即公正。公正的含義有二：一曰無私，二曰不偏不頗（何懷宏，2002：163-164）。成中英（1986：379）曾就孔孟哲學之正義觀念與正義意識做了深入分析，指出「正義」是合於義，歸於正，顯為直，本於中的行為與措施。吳清山和林天祐（2003a：152）則認為，正義本質上具有公正、公平、正直等意涵。

　　蕭武桐（2002：953）也陳述正義理論注重政策或行動分配的效果，決策者必須公正、公平、無私地依據公平分配原則、公正管理原則及賠償原則去處理公務。

　　此外，Rawls 在其知名的《正義理論》一書中，提出兩個正義原

則,第一個原則是平等自由原(the principle of equal liberty);第二個原則之一稱為差異原則(the difference principle),第二個原則之二稱為公平的機會平等原則(the principle of fair equality of opportunity)(徐振雄,2005:18)。平等自由原則是指,每個人都具有平等的權利;差異原則是指,對於處於不利地位者應給與最大利益;而公平的機會平等原則是指,在公平之機會平等原則下,職位與工作對所有人開放(林立武,2005:26)。

正義的推理取向,以角色之權利義務、公平互惠為思考重點,且援引公正的法條、原則或標準來解決衝突(葉紹國,1996:273;Lyons, 1988: 35)。具正義倫理觀點的學校行政人員,面對學校行政事務所產生之倫理困境,在情境分析與兩難抉擇時,應該恪遵依法行政之規定,摒除個人私欲與關係,發揮本身在組織中的責任感與義務,進而做出符合正義行為的倫理決定(林立武,2005:23)。亦即,學校行政人員在處理校務時,應秉持公平正義原則,兼顧個體正義與群體正義,依一定標準與程序行事,如此方能明確、理性地解決校園倫理兩難議題(張憲庭,2003:233)。正義倫理運用在學校領導的作為,更為具體的例子為(林立武,2005):(1)工程及財物採購恪遵政府採購法規定辦理;(2)代課教授聘用有公平遊戲規則,表現不佳者不再聘請;(3)教師介聘甄選作業以縣市政府統一委辦方式辦理為主;(4)處理不適任教師依相關辦法處理等。

經由上述可知,中西各家對正義一詞的觀點或有不同,但大致而言正義是指公平、公正及摒除個人關係等意涵,運用在學校行政通常是依法規辦事、公正公平及理性地處理校務及問題。

參、關懷倫理的意涵及其運用在學校領導的作為

關懷倫理首先是由 Gilligan 於 1982 年所提出,Noddings 則是在1984 年提出女性進路的關懷倫理學及其在道德教育上的實踐主張,

她想要從人際關係間的相遇、接納、承諾、回應等互動中，建構一個微觀的、具體處境的、重視人際關係、情意交流取向的倫理學（方志華，2004：295；Noddings, 1984）。亦即，關愛、親密、溝通與和諧等，並不亞於理性、原則、規律與論辯，這些主張皆可謂提供了西方傳統倫理的最佳反思之道（李琪明，2003：91）。

　　關懷別人常使人表現超乎他人期待或超過自己義務的支持性反應；相較之下，根據正義所給與的報酬則是無熱情的、一絲不苟的。關懷取向的道德思考在有情世界，似乎更能化解對立與衝突（葉紹國，1996：277）。Maxcy（2002: 1081-09）指出，關懷態度對教育領導的積極面向為：(1)關懷是人類的需求；(2)表揚個殊性別的態度；(3)表達女性的聲音；(4)提升效能；(5)彰顯個人。另一方面，就中國文化的角度觀之，儒家傳統以「仁」為首德，乃具「關懷取向思考」的特性（葉紹國，1996：263）。因此，關懷倫理對於台灣地區之學校行政領導具有其價值性。

　　至於關懷倫理應用在學校領導的作為方面，謝文全（1998：244）認為關懷倫理是指對人的關心與照顧，行政人員除要完成學校任務之外，亦應關心成員個人的需要與福祉，予以必要的尊重、鼓勵與支持。方志華（2004：318）指出關懷在教育行政的實踐上，教育行政者應該深究：行政是否有落實深入站在第一線教師與學生的需求，去培養教師應有的能力，並注重學生真正的心聲。

　　職此之故，身為學校領導者應善待成員，給與肯定與協助，則有良知的成員必然努力工作加以回報，若學校領導者不懂得如何關懷成員，成員工作士氣將會日漸低沉。再者，學校行政領導者若能善待關懷教師，教師也才更會善待關懷學生。歸納而言，關懷倫理運用在學校領導的作為，大致可以如下：

1. 採取授權賦能領導：關懷倫理學所認取的最有意義的關懷是幫助對方成長和自我實現（方志華，2004：160）。這樣的關懷則能透過校長授權賦能領導（empowering leadership），以激

發部屬潛能，協助部屬自我實現，因為授權賦能領導是指領導者能給與部屬權力，同時也能運用各種策略以激發部屬的潛能（蔡進雄，2005a：111）。

2. 運用服務領導：學校行政領導者採用服務領導，正符合倫理領導之關懷倫理精神，而學校領導者服務的對象為全校師生，所以應時時刻刻想到師生的需求，為謀求師生的福祉而努力。另一方面，學校行政領導者在服務領導過程中亦宜淡化傳統「校長—主任—組長—教師」的科層階級界線，為師生創造良好的教與學環境，以確保教學品質的提升（蔡進雄，2005a：111）。

綜合言之，關懷倫理強調人際互動關係，重視成員的情感及心理需求，運用在學校行政方面是常傾聽教職員的心聲，關懷、尊重及服務教職員，並協助教職員自我實現。

肆、正義倫理與關懷倫理的差異

經由上述對於關懷倫理與正義倫理的意涵及其在學校領導的運用之闡述後，以下進一步探討分析關懷倫理與正義倫理兩者的差異。

如表 9-1 所示，Joe 和 Hines 陳述關懷與正義的六項差異：首先，關懷是自己與他人的親密關係，是屬於私領域（private domain），而正義是一種公領域（public domain）；第二，關懷倫理強調關懷與同理心，而正義倫理強調人類的理性與推理；第三，在做道德決定方面，關懷倫理珍視他人的觀點，而正義倫理考量普遍原則的應用；第四，關懷倫理重視特殊脈絡情境，而正義倫理強調從個別情境中抽離；第五，關懷倫理是以滋養關係為取向，而正義倫理是以權力為取向；第六，關懷倫理重視對他人的責任，而正義倫理重視對道德律則的責任（Enomoto, 1997: 353-354）。

表 9-1　關懷與正義的對照

關懷倫理	正義倫理
私	公
關懷與同情	公平理性
對他人的理解	對應用原則的約定
對情境脈絡的敏感	從個別情境中抽離
滋養關係	尊重個別的權力
對他人負責	對道德律則的責任

資料來源：Enomoto (1997: 353)

　　葉紹國（1996）亦曾對關懷取向與正義取向進行比較，並從人際關係、人世的關懷、實踐的基礎、範圍及方式等多方面分析兩者相異之處，且歸納如表 9-2 所示。經由表 9-2 可知，關懷取向與正義取向在人際關係、解決難題的思考模式等，確實存在著諸多差異之處。

表 9-2　道德推理的關懷取向與正義取向思考的區辨

項目	關懷取向	正義取向
1. 對人際關係的基本假設	人與人間是彼此依存、互賴、互相關聯與融合的。著重彼此間同等照顧的責任。	每個都是個別平等的人，人際是以規則相關聯，如契約、禮尚往來等。著重每個人有平等的權利與義務。
2. 對人世的關懷與愛的付出的性質	關懷人，只思及對人的好處，而不計自己的付出，超乎自己的義務。	關懷人，以其人應得的份，以此人有權要求的為範圍，把自己與人放在同等地位考慮。
3. 實踐的基礎	基於「自願」、「自動」，自主性高。以對人的理解、同感、同理於對方的立場溝通，維持良好關係等。	彷彿有外力的勉強「應該」如此。以權利、法條、公平、互惠、平等、尊重等規則來處理人際關係。

（續）

項目	關懷取向	正義取向
4. 實踐的範圍與方式	對情境敏感，會因時、地、人、事、境而改變施為。注重情境細節的相對性。	不論對任何人、在何時、何地皆應遵行，不因情境而變。故較不重視細節。
5. 解決難題的思考模式	脈絡相對思考（contextual relativism）。	形式抽象思考（formal operation）。
6. 生活中最常出現的場合	私人生活的世界，如親屬、朋友的關係。	公共事務的世界，如政府、商場、工作中關係。
7. 性別偏好	女性偏好。	男性偏好。
8. 引發聯想的情境	真實情境或經驗。	虛構故事情境。

資料來源：葉紹國（1996：278）

　　簡成熙（2000：193-195）也指出，一項最明顯的差異是正義倫理強調普遍性原則的追求，而關懷倫理重視的是情境的考量。在兩難情境中，前者重視如何援引更高的原則來「抉擇」爭議，後者則認為可從橫向的多方考量中，來「調合」爭議。在人與人的相處上，正義倫理著重的是公平的對等關係：「我雖不同意你，但我捍衛你說話的權利」，而關懷倫理則是：「我了解你的處境，我支持你」，這種設身處地的同理心，被部分學者聲稱是較隸屬於女性的經驗。

　　質言之，關懷倫理比較重視個別及人性的關懷，強調學校中的人際關係，而正義倫理比較重視公平、公正、正直、權利與義務，去除個人關係並強調原則。以領導風格的角度觀之，前者偏向感情、柔性、對人不對事的領導方式，而後者偏向理性、剛性、對事不對人的領導型態。

伍、正義倫理與關懷倫理對學校領導的啟示——正義與關懷的合唱

關懷／正義在提出以後，一直被視為二元對立，諸如內容／形式、情感／理性、特殊／普遍、具體／抽象、私領域／公領域、女／男等的劃分（簡成熙，2000：192）。Gilligan 認為 Kohlberg 的理論所陳述的道德發展模式僅適用於男性，她提出還有諸如責任、關愛、關懷和有關情意方面的因素，是 Kohlberg 的正義和平等道德認知研究所忽略的，但他們二人均承認不管是男性或是女性，皆能夠在陳述道德的問題時採用關懷與正義的觀點（李芝安，1997：98）。

正義的概念是希望在同樣情境下，能夠運用一致的原理原則，因此個體或團體必須公平地被對待；但是關懷強調考量個別的狀況，回應個體的不同需求。校長在展現關懷領導的實踐中，必然會碰到必須公平執行政策，但又必須顧及處於不同需求狀態同仁福祉之衝突（林明地，2006：116）。因此，Bailey 認為，基於愛心的公平是公務員最重要的道德特質，亦是原則中的原則；也就是平衡個人的差異，以標準化的態度來處理公眾事務。但公平原則並不是要摒除憐憫之心，而是要公務員以有秩序及正義公平的同情態度來進行公務，避免產生如同機械人似的官僚行政，使人民對政府產生疏離感（蕭武桐，2002：214）。

職此之故，單單只有關懷無法使學校卓越有績效，單單只有正義則亦無法激勵人心，流於無人情味化造成工作上人際互動的疏離。所以，Quick 和 Normore（2004: 339）就認為，教育領導者應該平衡正義倫理與關懷倫理。李琪明（2003：98-104）也曾從尊重差異、肯定主體、超越自我及和諧社群論述正義與關懷合奏的新倫理觀。

經由以上所述，筆者認為正義與關懷可以交織成高關懷高正義（high care and high justice）、低關懷高正義（low care and high justice）、高關懷低正義（high care and low justice），以及低關懷低正義（low care and low justice）等四個象限，如圖 9-1 所示，闡明如下：

1. 高關懷取向與高正義取向：既關懷教師個別的需求，也能顧及公平與正義，「高關懷與高正義」是屬於關懷與正義的合唱。

2. 低關懷取向與高正義取向：缺乏對教師的人性關懷，但能處處彰顯公平正義的行政領導，「低關懷與高正義」是正義之聲的獨唱。

3. 高關懷取向與低正義取向：能設身處地同理教師的各種需求，但較不考量公平公正的處事原則，「高關懷低正義」是關懷之音的獨唱。

4. 低關懷取向與低正義取向：對教師缺乏關懷及關係的建立，亦少見公平、秩序、標準與規範的要求，「低關懷低正義」是聽不到關懷之歌，也未聞申張正義之聲。

高關懷取向

低正義取向	高關懷取向 低正義取向	高關懷取向 高正義取向	高正義取向
	低關懷取向 低正義取向	低關懷取向 高正義取向	

低關懷取向

圖 9-1　正義取向與關懷取向的四個象限

　　一般而言，關懷並非與正義相互牴觸，關懷更不應獨屬於女性，正義亦非男性的專利（李琪明，2003：90）。因此，將正義與關懷對立起來是不必要的，因為就道德情意而言，正義感與關懷之情都是出於對人的一種善意（方志華，2004：316）。是故，整體說來學校領導宜採高關懷高正義，低關懷低正義最為不宜；進一步而言，學校行政領導者應該讓教職員能感受到領導者對他的關心，另一方面也應該

讓教職員覺得領導者能公平公正無私地處理校務。

綜言之，學校行政領導者與教師之間若是不講人情，一切依法辦事、講求權利與義務，只重視公平秩序與規範的維護，如此營造的行政與教師關係，將無助於提升教師的工作士氣，也無法有效地激發教師的教學熱情。但若僅傾聽師生的聲音，沒有基本的公平及正義的堅守，處處鄉愿，則對於大多數奉公守法、敬業樂群的教師也是一種心理上的挫敗。職此之故，學校裡之正義倫理與關懷倫理不應是二元對立，兩者對於學校行政領導及處理兩難問題上均有其價值性，而有智慧的學校領導者會努力尋求正義與關懷間的平衡與調和。

陸、從情理法看正義與關懷在學校行政的實踐——以處理不適任教師為例

中國的道德傳統以情為骨幹，西方的道德傳統以理性做核心（吳森，1979：24）。因此，情理法常是中國人處理問題的思維與方向，有人說行政過程應該以情待人、以理息爭、以法辦事（何福田，2006：93）。中國人管理的最佳原則是「情、理、法」，凡事先以尊重對方，給對方面子來促其自動講理，如果動之以情，對方卻不知自動講理，這時再次給與面子，無效時才曉之以理，萬一對方不講理，就要翻臉無情，依法辦理（曾仕強，1987：164）。

以學校行政處理不適任或問題教師為例，剛開始發現有不適任教師問題時，首先可以先關懷該名教師的個別情況，以了解問題的原委與狀況，之後向其說明其問題涉及學生的受教權及家長的反應，並加以輔導，如果該名教師還不能有所改善，最後只好將所發生的具體事實呈報相關委員會依法處理。從以上不適任教師的處理過程來看，剛開始是以關懷倫理著手切入，接著給與改進機會，最後階段公私分明、依法處置，來彰顯正義倫理。

由上述可見，關懷倫理與正義倫理在學校行政的實踐應該不是二

元對立的，亦即不必以情害義或以義害情，而是要考量問題性質、情境、程序過程及各利害關係人等因素，並兼顧華人社會對情理法的期待，適時實踐關懷倫理及正義倫理，以達到所謂圓融的行政實踐智慧之境界。

柒、結語

由於教育工作本身即具備道德特徵，以及教育工作本身具有倫理意涵，例如教育現場中充滿了許多兩難問題及價值衝突（王麗雲，2005：41；Beck & Murphy, 1994）。Strike 等人（1998）也指出，倫理應是教育行政人員工作的一部分，教育行政人員如果決策不符合公平、公正、人性化，而且都是隨興所至，工作上常會惹麻煩。而經驗告訴我們，假如教育行政人員處事不公，正如做事缺乏效率一樣，終將會失敗（謝文全等譯，2002：22-23）。美國「跨州學校領導者證照協會」（Interstate School Leaders Licensure Consortium）（Harris & Lowery, 2003: 113-123）曾發展出六項學校行政人員標準，六項標準其中之一就是期望學校行政人員應該具有正直、公平及合乎倫理的態度。因此，倫理是學校行政必須面對的重要課題，而正義倫理與關懷倫理正是備受大家討論的學校行政倫理議題。

正義面向強調教育行政人員應視人為目的，能對利害關係人的權利予以維護和尊重，著重透過公正、公平的程序、遵循專業律則來獲致正義的結果，以及致力履行專業義務。而關懷面向主張教育行政人員應以關懷為核心，設身處地的去理解利害關係人的需求，確實因應被關懷者需要給與適當的關懷，致力於營造學校成為一個關懷的學習社群（馮丰儀，2005：34）。而若以關懷整合正義的立場來看，正義倫理應視為一分配的方式，而不是把它視為最高普遍的道德法則，在各種人際互動的複雜情境中，人們應該在關懷的基礎上，援引適用的法則，來回應爭議的問題（簡成熙，2000：203）。

教育行政倫理

　　職此之故，本文最後提出正義與關懷所交織成的高正義高關懷、高正義低關懷、低正義高關懷及低正義低關懷等四個象限，並主張學校行政領導可以兼採正義與關懷的合唱，而不純然是正義或關懷的獨唱。是故，學校行政領導者平日宜建立良好的人際關係，並強調公平正義的維持，而當遇到倫理兩難問題時，領導者在考量各利害關係人的利弊得失及以學生的利益為優先下，適時引用法條秉公處理以維持公平正義，亦即是關懷與正義之聲的交融。果能如此，學校行政領導者不僅可整合兼顧正義與關懷，亦可圓融有智慧地處理各種行政難題。

〔本文 2007 年曾發表於《中等教育》，58（3），42-54。〕

chapter 10 利己主義與利他主義的析論與教育行政倫理

壹、利己主義及利他主義的觀點

　　利己主義（egoism）者主張人不為己天誅地滅，此觀點假定人生來如此，因為利己是最大的樂事（李春旺，2005：29），Adam Smith 在《國富論》中也強調自利，由於個人重視自利，追求自利，才促進整個社會的經濟利益（孫震，2006：44），但這種說法的毛病在於，它使人以利益為目的，而自私變成一種手段，這似乎也給有辦法、有能力、有才幹的人，一個很好的藉口，他們可以自私的行事為人，卻感到自己對大眾利益有所助益（李春旺，2005：31）。

　　利他主義（altruism）是指，由個體內在動機促動而使個體自願表現出有利於他人的行為，利他主義是利社會行為（prosocial behavior）的一種，特別強調以關心他人、內在的價值目的或自我酬賞為自發性動機，而產生的自願有利於他人的行為，並非為了外在酬賞或避免懲罰（顏肇基、陳姣玲、張召雅、周育如、鍾志從，2005：31）。細究利他主義可以區分出三種類型的主張：(1)同理的利他主義：個人認為他人利益與自我利益同等重要；(2)社群主義式的利他主義：個人行事會考慮哪些可能受到自己行為影響之人的利益；(3)極端的利他主義：個人以考量群體利益為主，而將自我利益置於群體利益之下（章菱，1997）。Adam Smith 在《國富論》中說：每個人都追求自己的

利益，冥冥之中好像有一隻看不見的手，帶領達成社會全體的利益，而且比蓄意想達成公益更有效，但Smith在《道德情操論》一書中，也提出三種美德，我們關心自己的幸福因而有審慎的美德，我們關心他人幸福因而有正義的美德及仁慈的美德（孫震，2006）。

雖然人有利己的行為，但德國哲學家Immanuel Kant認為，人之所以為人，人之所以具有價值和尊嚴，最主要的原因就是人能從事道德行為，因此自私自利的心態雖然是人性的基本特質，但是根據Kant的觀點，這是人的「獸性」部分，而道德良心才是「人性」部分（林火旺，2006：80-83）。換句話說，如果「趨利避害」是動物性，則「捨身取義」的道德行為是違反人的動物性本能的行為，但從事違反自然本能的自願性行為，展現的就是人的自由決定，也是人之所以為人的特質（林火旺，2006：82）。哈佛大學心理系教授J. Kagan也認為，儘管人類因為與生俱來的生物傾向，會變得憤怒、猜忌、自私、嫉妒、粗野、惡劣、暴力，但是人類還有一種更強烈的生物傾向，要表現善意、同情、合作、摯愛與照顧，對於需要幫助的人尤其是如此；他進一步指出，這種內在的倫理意識正是「我們這種生物的特質」（閻紀宇譯，2007：91）。易言之，人性中有利己的成分，但也有利他的傾向且利他亦有其價值，而人之所以為人，就是因為有利他的高尚情操。

貳、利己主義與利他主義的調和

倫理的基本困境在於，人的自利之心強而利他之心弱，所以自利應由倫理來節制（孫震，2006）。Handy在《適當的自私》中提到生命是由自己開始，稱之為適當的自私（proper selfishness），也就是對自我的追尋。矛盾的是，追尋自我最好的方式，往往竟是透過與他人的牽扯，若想做到適當的自私，靠的是自我找到一個超越小我的存在意義；換句話說，唯有在拋棄小我的時候，才最能滿足自我，這是

享樂主義的一大弔詭（趙永芬譯，2004：11）。幫助別人常常會令人產生意想不到的喜悅，幫助別人也會讓你發現原來自己活著是有價值的，而可能因此體悟到：原來活著的價值是來自於自己對別人是有用的。所以「助人為快樂之本」是從實際人生中千錘百鍊出來的智慧，只有真正實踐過的人才能感受到其中的真義（林火旺，2006：78）。

綜合上述，筆者以利己為橫軸，以利他為縱軸，歸類成「損己損人」、「利己損人」、「利己利他」及「損己利他」等四個象限，闡明如下：

1. 損己損人：這是吾人最不願意見到的情況，所作所為既不利己亦不利人。

2. 利己損人：只為自己著想，但卻傷害到別人，組織政治行為常是屬於利己損人，為自己利益設想。

3. 利己利他：接近前述同理或社群主義式的利他主義，利己及利他兼顧，利益自己的同時也增進他人的福祉。

4. 損己利他：具有犧牲小我完成大我的精神，是令人尊敬的道德行為，屬於超義務道德行為（superogatory），例如一位軍人為救同袍而仆倒在手榴彈上犧牲自己。但此非每一個人都做得到或應該去做的超義務道德行為（李春旺，2005：130）。「損己利他」接近前述極端的利他主義。

圖 10-1　利己及利他等四象限
資料來源：筆者自行整理

　　綜言之，在過度強調個人自由主義及利己主義的現代社會，吾人應調和利己主義與利他主義，由自我出發，並以貢獻人群、服務社會為追求之理想，亦即成己達人。

參、結語

　　現代經濟之父 Adam Smith 說人有利己之心，也有利他之心，利己是生物的本能，是切身的感受；利他則出於同情，是一種設身處地、感同身受的投射（孫震，2006：150-151）。Adam Smith 也曾說：「聰明有道德的人總願意犧牲自己私利，成全眾人利益」（黃乃熒、鄭杏玲、黃婉婷譯，2007：4-11）。人優先關心自己的利益，所以才能生存成長，但人也關心他人的利益，所以才能形成社會，共同生活（孫震，2006：151）。自我追求是幸福的必要元素，但是任何一個有意義的生命計畫，絕對不是自我中心、自私自利的，能讓人感到最大喜悅的，常常是來自和他人的互動，人其實最需要的是人，人需要人的關懷、幫助和肯定（林火旺，2006：254-255）。是故，價值創造與倫理重建的方向應是由自私轉向利他，由對特殊關係的關切轉向對普遍關係的關切，由低價值轉向較高價值，以及在生命與健康之上，尋求生命值得奉獻的理想（沈清松，2004：80-81）。

　　國父說：「人生以服務為目的」。處在功利主義盛行的知識經濟社會，更讓人體會先知先覺者的真知灼見，而挽救當前社會危機總動員之道，就是培養人人服務利他行為，學校亦責無旁貸，要讓服務利他行為成為校園新內涵的一部分，目前很多宗教團體從事的慈善和公益活動，就是校園的最好榜樣（吳清山，2002b：26）。

　　人性是善或是惡，原本就是爭論不休的問題，而跳脫性善及性惡之辯，來探討人之利己及利他，可知人的本性有利己成分，但人之所以為人，就是要超越利己邁向利他主義之崇高理想，才能感動人心，擴大影響力。尤其教育本身就是專業的助人工作，是利他的行業，而

教育行政的目的原本就是在於支援教學，幫助教師把書教得更好、把班級經營得更好，進而造福學生及下一代；因此教育行政人員應有利他精神，在利他精神下實踐自己的人生意義及生命價值。這也是吾人在探討利己及利他內涵之後，教育行政人員宜有的行政行為及倫理態度。

chapter 11 教育行政的評鑑倫理

壹、前言

近年來,「評鑑」(evaluation)一詞已成為教育界的流行語,九年一貫課程談課程評鑑、師資培育談教師評鑑、校長遴選談校長評鑑、教育政策談政策評估、學校發展則談校務評鑑(蔡進雄,2004b:6)。而就大學教育階段來看,大學評鑑亦已展開,2005年新修正施行《大學法》之第21條也規定:「大學應建立教師評鑑制度,對於教師教學、研究、輔導及服務成效進行評鑑,做為教師升等、續聘、長期聘任、停聘、不續聘及獎勵之重要參考。」所以大學教授亦不可避免地要接受各項評鑑。

基本上,國內各種教育評鑑之評鑑委員是經過推薦和遴聘的過程,都具有一定的專業知識和能力,所以判斷受評單位提供的資料,以及進行訪談和觀察,都能駕輕就熟,遊刃有餘。但由於評鑑工作必須面對面接觸,難免涉及人情因素,此時正是考驗評鑑委員的道德規範和專業判斷(吳清山,2006b:12)。

近年來國內教育評鑑蓬勃發展,無疑成為提升教育品質的重要機制,然而為維護教育評鑑的專業性及公信力,專業倫理的建立與貫徹,將是未來努力的方向之一(鄭珮琳,2006:10)。因此,本章將分別介紹評鑑的意涵與目的、評鑑倫理的意涵與範疇、教育評鑑倫理守則、教育評鑑的幾種效應等,以供相關人員的參考。

貳、評鑑的意涵與目的

　　美國「教育評鑑標準聯合委員會」（the Joint Committee on Standards for Evaluation）所採用的評鑑定義是：評鑑乃是有系統的評估某一對象的價值或優點（黃光雄編譯，1989：3-4；Stufflebeam & Shinkfield, 1985）。黃政傑（1990：24）陳述評鑑是採用各種工具（含量的和質的）蒐集資料，以判斷某事物價值的過程。歐滄和（2002：4-5）則指出，評鑑是指將測驗或觀察結果與依理想設定的標準相比較，並判斷其間的差距之後，賦與價值判斷，因此評鑑是在測量之後，而且是合併了其他的訊息（特別是質的描述）之後，對其重要性或所欲性所下的價值判斷。

　　綜合上述，筆者將評鑑定義為：係指透過各種方法，包括量與質的方式，有系統地蒐集評鑑對象的相關資料或資訊之後，進行價值判斷，以做為決定或改進的重要參考或依據。茲將此一定義進一步闡述如下：

1. 評鑑的方法：評鑑是透過各種方法，亦即是多元而非單一的方法，包括運用量化與質性之方法所蒐集的資料。

2. 對評鑑對象的價值判斷：有系統地蒐集資料之後，要對評鑑對象是好或壞，是優或劣，進行價值判斷。

3. 評鑑的目的：評鑑的目的有兩種，其一是做為相關決定的依據，例如教師的考核，其二是做為改進的參考。做為決定的依據是屬於評鑑結果運用的「硬性面」，而做為改進參考是屬於評鑑結果運用的「柔性面」。有學者主張「評鑑的目的不在於證明而在於改進」（Stufflebeam et al., 1971），其所強調的是評鑑結果運用的柔性面。

參、評鑑倫理的意涵與範疇

一、評鑑倫理的意涵

吳清山和林天祐（2004b：152）認為，評鑑倫理（evaluation ethics）是指評鑑人員在執行評鑑工作期間，與人相處、互動時必須共同遵守的行為準則。評鑑倫理的訂定，目的在適當規範評鑑人員和他人的關係，以彰顯評鑑行為的專業形象。

劉維琪（2006：7）指出，評鑑委員應恪遵的三項評鑑倫理：首先是評鑑委員必須排除萬難，全程出席實地訪評活動，其次是做好保密功夫，最後是評鑑委員應當遵守的評鑑倫理是迴避。黃崑巖亦認為評鑑委員不宜抱持「君臨天下」的心態，而應是協助學校提高教育品質；評鑑委員必須超然、公正，不能因為個人對某校的偏見，而偏袒或扭曲評鑑結果；「先做人、再做專業人」，遵守評鑑倫理，評鑑權威才得以建立（陳曼玲，2006：1-3）。

簡言之，評鑑倫理就是評鑑人員應該遵守的行為標準，而評鑑人員的行為準則是專業、責任、保密、公平公正，並尊重受評對象，而唯有評鑑人員遵守評鑑倫理，其評鑑結果之可信度與評鑑權威才得以彰顯。

二、評鑑倫理的範疇

從評鑑各階段活動中所包括的人、事、物而言，評鑑倫理的問題與範疇主要發生在評鑑委託人與評鑑人員之間、評鑑人員處理問題的態度、評鑑過程的活動中，以及評鑑報告的處理時，說明如下（曾淑惠，2002：161-168）。

(一) 評鑑委託人與評鑑人員之間的倫理問題

大部分的評鑑方案都有評鑑委託人，評鑑委託人若創造了愉快的

工作環境，則進而可能和評鑑人員簽訂合約，促進雙方的收入與專業，而評鑑委託人與評鑑人員間必須取得契約的同意，契約上必須包含參與的條件、可用的資訊、支付的費用、完成評鑑所需的時間等。

(二) 評鑑人員的倫理問題

大多數人對評鑑人員存有的基本假設都類似於：「評鑑人員像是一位大公無私的科學家」，然而事實並非總是如此，評鑑人員是否優秀、是否會選擇性的資助受評對象、是否會漠視應予重視的現象、是否不名譽等等問題，尚要制定出一套可供共同遵守的倫理準則或規範。

(三) 評鑑過程活動中的倫理問題

在評鑑過程中的各項活動，例如：對評鑑資訊的來源、呈現與存取限制、對受評對象的充分尊重與公平正義、對實施程序的正當性與限制等等，均是可能產生倫理爭議的焦點問題。

(四) 評鑑報告的倫理問題

在評鑑報告方面，由於評鑑報告對受評對象任何的讚揚或非難，可能導致資源的重新分配、否定受益人等，因此在評鑑報告完成前，對評鑑報告中所呈現的訊息，都要逐一檢視是否有可能產生誤失之處。

肆、教育評鑑倫理守則

以下介紹美國評鑑協會及相關學者專家等，對教育評鑑倫理守則的觀點，分述如下。

一、美國評鑑協會的評鑑標準與倫理守則

Peter Rossi 於 1992 年架構出美國評鑑協會（American Evaluation Association，簡稱 AEA）的評鑑標準與倫理守則，內容主要包括五大層面，簡述如下（王保進、鄭珮琳，2005：411-412）：

1. 系統調查：評鑑人員評鑑應使用系統性與資料庫的調查。
2. 勝任稱職：評鑑人員應呈現執行的能力。
3. 廉正誠實：評鑑人員在評鑑過程中應確保自己的誠實與廉正。
4. 展現尊重：評鑑人員應尊重對於安全、尊嚴與自我價值的回應，以及與其互動的方案參與者、委託人與其他利益關係者。
5. 社會大眾福利之責任：評鑑人員的興趣與價值觀可能會影響大眾的福利。

二、王保進和鄭珮琳的「教育評鑑倫理守則」

王保進和鄭珮琳（2005：416）綜觀各先進國家評鑑學會的倫理守則，歸納出幾個原則，分別為系統調查、勝任稱職、廉正誠實、利益迴避、適當尊重及社會責任，引述如下。

(一) 系統調查

1. 教育評鑑人員要以適當的方法蒐集正確、可信的評鑑資料。
2. 教育評鑑人員應確實了解評鑑方法、內容、價值與結果的限制，執行評鑑時應遵守正當的程序原則。

(二) 勝任稱職

1. 教育評鑑人員須具備與評鑑相關的知識與經驗，在評鑑過程中提供可行的意見，並努力維持倫理原則。
2. 教育評鑑人員應努力充實個人的專業能力，積極參與教育評鑑的專業成長，以掌握評鑑的趨勢。

(三) 廉正誠實

1. 教育評鑑人員應考量所有利害關係人的興趣與利益，在面臨利益與價值衝突時，秉持公平正義原則。
2. 教育評鑑人員應確實遵守保密原則，釐清自己在評鑑中使用資訊的權責，保持自己的廉正與誠實。

(四) 利益迴避

　　教育評鑑人員應考慮評鑑中潛藏的暗示、假定與邊際效益，避免利用權職謀取不當的私利，遵循利益迴避原則。

(五) 適當尊重

1. 教育評鑑人員對於評鑑中可能產生誤解的資訊與結果，應與評鑑委託人進行良好的溝通。
2. 教育評鑑人員對於評鑑發現的判斷應以公平、公正、合理為前提。
3. 教育評鑑人員對於評鑑中，可能會帶給評鑑委員委託人的負面影響，應善盡說明與告知的義務。
4. 教育評鑑人員應尊重評鑑參與者的意願，以及不同種族、文化、性別、宗教信仰的參與者。
5. 教育評鑑人員應與評鑑小組間建立良好的人際互動，尊重不同成員的需求、興趣與貢獻，不應揭發或暗示在未經其他成員許可下的私人訊息。

(六) 社會責任

1. 教育評鑑人員在撰寫報告時，應考量各方觀點盡力維持報告的平衡性，以正確、清晰、簡單易懂的方式呈現。
2. 評鑑的結果應能促進社會大眾的福祉與興趣。

三、高等教育評鑑中心的大學校院系所評鑑倫理七大準則

高等教育評鑑中心（2006：17）針對大學校院系所評鑑，提出七大評鑑倫理守則，分別如下：

1. 評鑑委員應認同系所評鑑的理念與精神。
2. 評鑑委員應遵守本中心有關本次系所評鑑相關注意事項的規範，並參加評鑑講習會，確保評鑑「專業」與學術「同儕」的「專業同儕」認可。
3. 評鑑委員應全程參與後續的系所申覆意見討論會議，與評鑑確認相關會議。
4. 評鑑委員在實地訪評前應確實做好身分保密，並在行前詳閱受評系所的相關資料。
5. 評鑑委員對訪評過程中使用過的資料或獲取的資料，應確實做到保密原則。
6. 評鑑委員在兩天實地訪評期間，應全程出席，避免遲到、早退，或私下商洽訪評代理人。
7. 評鑑委員在評鑑過程中，應盡力排除政治因素干擾，避免政治力量介入，影響評鑑的公平性。

伍、教育評鑑可能產生的幾種效應

近幾年來，筆者有機會擔任校務評鑑委員，參與國民中小學的校務評鑑，發現在進行評鑑過程可能有幾種效應現象，因而影響評鑑的結果。這幾種效應分別是月暈效應（halo effect）、霍桑效應（Hawthorne effect）、校際間的遺留效應（school-to-school carryover effect）、包裝效應（decoration effect）、偽善或偽惡（faking good or faking bad）現象等，茲進一步闡述如下（蔡進雄，2007b）。

一、教育評鑑的月暈效應

月暈效應是指當評分者在判斷學生的某種特質時，會受到該學生的其他特質的影響。例如一個學生的學業成績高，教師在評其操行成績時也會受影響。在閱卷時，若前面題目答得很完美，後面題目的分數也會跟著水漲船高。這種誤差反映出評定者具有以偏概全、過度類推的思考習慣（歐滄和，2002）。

上述的月暈效應也會發生在校務評鑑，例如進行評鑑時，受評學校在某項目的表現具有特色且極為優異，因而影響評鑑委員在其他評鑑項目給與的分數或評價，而事實上，該校在其他評鑑項目並非那麼好。又例如若受評學校的校長曾榮獲校長領導卓越獎，評鑑委員會在以偏概全及過度類推的情況下，可能會給與該受評學校較多的肯定。

二、教育評鑑的霍桑效應

當被觀察者發現自己被別人觀察時，他會表現得比平時更好，以維護其自尊，此種現象稱之為「霍桑效應」（歐滄和，2002）。霍桑效應也常會發生在校務評鑑的過程當中，當評鑑委員實地進入學校進行觀察及評鑑時，學校校長、主任、教師、職員及學生的表現會比平時佳，一方面是為了維持自尊，一方面也可能是為了校譽而展現出同心協力、同舟共濟的團結現象，但評鑑過後也就恢復了平日的樣子。

三、教育評鑑的校際間的遺留效應

試卷間的遺留效應（test-to-test carryover effect）是指，一份試卷的得分常常會影響到後一份試卷的得分。一份丙等的試卷若接在一份甲等試卷之後被評閱，可能被評為丁等，但若接在一份語無倫次的試卷之後，可能會被評為乙等（李茂興譯，2002）。

筆者將試卷間的遺留效應改稱為「校際間的遺留效應」（school-to-school carryover effect），所謂校際間的遺留效應是指同一時期或

時段接受評鑑的學校，前一所受評學校的評鑑結果常會影響到後一所受評學校的評鑑結果，這種校際間的遺留效應亦有可能會發生在校務評鑑，例如前一所評鑑的學校，其評鑑結果極為優異，接下來受評學校即便也是不錯，但也會被「比下去」。

四、教育評鑑的包裝效應

受評學校為了使評鑑結果獲得滿意的結果，各校於書面資料檔案呈現方面，在文字、美工、排版、印刷、封面等會盡量加以美化，因而影響評鑑委員的判斷及評鑑結果，但實際上並沒有那麼好，筆者稱之為包裝效應。反之，如果資料檔案缺乏外觀包裝美化，多少亦會影響評鑑的結果。

五、教育評鑑的偽善或偽惡現象

在問卷調查時，如果填答者心存討好主試者，或欲透過好的分數以建立他人對自己的良好印象者，稱為偽善（faking good）反應心向。相反的，如果填答者想藉由測驗分數造成負面印象，或博取他人的注意、同情或幫助，或想表達不滿、報復心態等等，稱之為偽惡（faking bad）（邱皓政，2004）。

在校務評鑑過程時，受評校長、學校行政人員、教師或學生為討好評鑑委員，而會在問卷調查、座談或訪談中呈現「過好」的填答或對話，此可稱為評鑑的偽善現象；而如果受評者因報復心態、表達不滿或想博取同情，因而在問卷調查、座談或訪談中呈現與事實不符之「過差」的填答或對話，則可稱為評鑑的偽惡現象。

評鑑是運用不同方式與管道，蒐集受評對象的相關資料，然後針對資料進行價值判斷，以做為改進或決定的參考。因此，校務評鑑也是運用不同方式與管道，蒐集受評學校的相關資料，之後評鑑委員針對蒐集到的資料進行價值判斷，以做為學校改進或相關決定或決策的參考。由此可見，正確資料的蒐集是校務評鑑在進行判斷的重要依

據，然而校務評鑑過程有些效應仍會影響評鑑委員對學校及資料的判斷，這些效應或現象包含月暈效應、霍桑效應、校際間的遺留效應、包裝效應、偽善或偽惡現象等。

為了避免這些效應影響或誤導評鑑委員的判斷，評鑑委員間應依個人專長分項目確實評鑑，此可降低月暈效應；延長觀察及實地評鑑的時間，則可使正常現象「原形畢露」而避免霍桑效應；評鑑之前特別提醒評鑑委員盡量保持客觀而不做校與校間的比較，此可減少校際間的遺留效應；進行書面檔案評鑑時，除了被精美包裝吸引外，亦應仔細閱讀其內容，則包裝就不會「反客為主」；最後，評鑑委員可透過多元資料的蒐集及印證，如此將不易受偽善及偽惡之現象所影響。

綜合言之，上述所稱的教育評鑑之幾種效應，其概念許多是來自教育測驗與評量的理論，但筆者認為這些概念及理論亦頗為適合用來解釋校務評鑑或其他教育相關評鑑可能產生的一些現象，但國內外教育評鑑相關文獻似乎較少論述，因此加以闡述，以提供參考。

陸、結語

國內教育評鑑的發展現況，尚有許多評鑑人員未來可改進的空間（王保進、鄭珮琳，2005）：(1)評鑑者的專業知能（包含專業倫理）影響評鑑結果的信服度；(2)評鑑人員的產生機制是否具公平與公正性；(3)評鑑人員的自評與互評機制缺乏；(4)國內重人情，缺乏「迴避原則」，易影響評鑑的客觀性；(5)專業知能與倫理規範尚未建立，會影響對事物價值判斷與選擇的客觀性，使專業性未能獲得大眾認同。因此，在評鑑專業發展過程中，共同訂定評鑑專業倫理準則，做為評鑑實施的專業規範，以規範評鑑人員，提升評鑑品質，是主要國家評鑑專業化過程中，各級各類評鑑機制不可或缺的要素（高等教育評鑑中心，2006：17），而評鑑人員必須具有專業、要保密、有責任，並能尊重受評對象。

　　目前國內校務評鑑的專業倫理考量正值起步階段，下列四個途徑得優先考量（鄭崇趁，2007：82）：⑴由教育評鑑專業團體定頒「教育評鑑倫理信條」，提供評鑑參與者共同信守；⑵由教育評鑑學會配合各縣市政府及教育評鑑系所之大學合作，共同發展「評鑑專業證照」制度，逐步要求擔任校務評鑑之訪評委員須持有證照；⑶未持有證照之評鑑委員須接受三天以上的評鑑知能研習；⑷受評學校主要人員應接受半天至一天的評鑑工作說明研習。

　　國內的評鑑專業仍處於發展階段，教育評鑑倫理相關規範散見於中央及各縣市政府的各類評鑑手冊之中，尚未建立起一致性共識，但已經逐漸受到重視。展望未來，在教育評鑑學術及專業團體共同努力之下，應該可以建立符合國內情境需求之評鑑倫理守則，使教育評鑑向專業化更邁進一步（吳清山、林天祐，2004b：128）。質言之，教育評鑑是教育行政相當重要的一環，透過各種教育評鑑可以促進教育品質的提升，而教育評鑑倫理的建立對於教育評鑑功能的發揮則扮演非常關鍵性的因素。基於此，本章首先闡述評鑑的意涵與目的，其次說明評鑑倫理的意涵與範疇，之後敘述教育評鑑倫理守則，最後指出教育評鑑的幾種效應，以供教育相關人員的參考。

教育行政倫理

chapter 12 教育行政倫理的 課程設計與教學

壹、前言

　　教育行政倫理的課程設計與教學，影響學習者對教育行政倫理此一學門的學習成效，課程內容設計及教學方法若運用得當，則學習者對教育行政倫理的學習效果不僅事半功倍，且能有所啟發。

　　一般而言，教育行政之教學大都是以教師講授、學生專題報告、指定閱讀及師生討論為主，但近年來愈來愈多的教師將案例教學、行動知識或小組討論教學應用在教學上，且具有教學成效。特別是教育行政人員在職進修之教學，不必侷限於講述及專題之書面報告，融入成人學習的精神，讓學生主動學習建構，是可採行的課程設計與教學策略（蔡進雄，2005c）。因此，教育行政倫理的課程與教學，亦應配合學習者的特性與需求；基於此，本章將介紹教育行政倫理的課程設計與教學，以供教師授課教育行政倫理的參考。

貳、教育行政倫理的課程設計

　　以下先論述各教育階段的倫理教育，以及公務員之行政倫理教育，之後再說明教育行政倫理的課程設計。

　　王煥琛（1987：137）表示在道德教育中，不僅須有目的，更須規定所需的道德規律，做為實施的準則。最理想的道德規律應包括人

生中應有的，不可不遵行的主要規律，使學生能於此養成其各種重要德行，以為其立己立人的張榜。

歐陽教（1987：104）認為，道德教材的呈現必須配合由無律、而他律、而自律的心理次序，這樣道德教學與行為指導才能收宏效。易言之，道德教學時如能顧及道德教材的邏輯及心理組織的綜合運用，一定能促進最大的道德認知與道德實踐的效果。歐陽教對道德教材的呈現之看法特別適用於中小學教育階段。

詹德隆（2000：338-346）表示，一個成功的倫理教育應該同時注意協助人擴大倫理敏感度，學習如何做倫理判斷，獲取行善的強烈動機，並且成為習慣行善的人。再者，大學的倫理教育絕對需要在整個大學的課程、行政及活動內出現，才有可能深入影響大學老師及大學生的生活。

王立文、孫長祥和仲崇親（2005：29-32）指出，大學推動倫理教育，應將規範倫理學理論應用於實際的道德問題上，大學倫理教育除了倫理學理論課程外，另一方面可採實踐的方式，進行「倫理實作」，可規劃「志願服務」（志工）實作項目。也就是說，理想的倫理教育旨在喚起倫理行動者，自發而樂於行動的意志，誠敬的待人接物與任事。真正的倫理教育要能激動人的內心，使之充塞昂揚的行動意志與積極行動的熱情，即行即知，即知即行。

蕭武桐（2002：148-149）認為，我國的行政倫理工程，經過理性的思考與分析、經驗考察與檢驗，更須配合時間、環境、制度等因素，來做策略性的發展，方能建立起適合我國行政倫理教育與訓練之課程。對於此一設計與發展，應注意下列四點原則：

1. 中國傳統儒家的倫理是以家族為基礎，以個人的自然關係為起點，建立人際社會和諧為中心旨趣，因此行政倫理之教育應深入探討我國傳統的自我觀念，如何適用於現代公務機構之運作，來充分發揮人力資源。

2. 西方現代的法律已逐漸以「理性」代替「上帝」，建立起穩固

法治與民主的基礎，因此我國倫理教育中更要強調法律，以確立行政倫理的法治基礎。

3. 價值觀念的混亂是中國現代化的困難之一，因而公務員的價值系統也有必要深入澄清，讓每位公務員能清楚地面對多元化社會環境，自我澄清其價值系統。

4. 參考國際行政校院機構聯合會（The International Association of Schools and Institutes of Administration）的行政倫理教育七大要素：(1)教育機構獨立自由發展；(2)長期規劃活動課程；(3)多元整合倫理課程；(4)具有教學方法的教師；(5)因材施教有教無類；(6)理論實務互相配合；(7)學術界與政府合作。

馮丰儀（2005）研究指出，國內教育行政倫理課程設計與實施之情形，所得結論大致如下：

1. 教育行政倫理設計應考量成人學習、學習者道德發展、關注道德情感、強調批判反省、重視社會化及傳統倫理論之影響等原則。

2. 教育行政倫理課程設計類型最理想的做法是，兼採融入式及獨立式兩種；但目前國內多傾向融入式設計，採取獨立式與有計畫融入設計者仍少。

3. 教育行政倫理課程的目的宜包括「道德認知」、「道德情感」與「道德實踐」的層面；但目前國內對道德情感面向的課程目的較為忽略。

4. 教育行政倫理課程內容宜包含教育行政倫理相關理論、專業倫理守則、相關案例及倫理決定模式與策略等；但目前教育行政倫理案例為最常見的課程內容。

綜合以上所述可知，教育行政倫理的課程內容應該包括教育行政倫理相關理論、教育行政倫理兩難、教育行政倫理領導等重要的理論與議題；而教育行政倫理的課程設計應該考量學習者的特性及學習需求，強調道德的反省、批判與實踐，並重視理論與實務的結合。進一

步闡述如下。

一、教育行政課程內容應該包含重要理論及議題

　　教育行政倫理的課程內容應該與醫學倫理、運動倫理等其他組織的專業倫理有所不同，其內容可包括教育行政倫理相關理論、教育行政倫理守則、教育行政倫理兩難、教育行政倫理領導、教育行政倫理決定、教育行政倫理氣氛、校園倫理等重要的理論與議題。

二、考量學習者的特性與需求

　　通常修習教育行政倫理的學習者，是教育相關學系的大學生及研究生或是在職教育人員，課程設計應該符應不同學習者的特性及需求，對於在職研究生更需要融入成人學習的理論與特性。

三、強調倫理道德的反省批判與實踐

　　教育行政倫理之課程設計應該顧及知行思，亦即知識教導、實踐體驗及批判反省三者兼顧，如此才能提升教學效果，進而促進教育行政倫理之專業素養。

四、重視理論與實務的結合

　　教育行政倫理重應用與實踐，故課程安排與設計應該盡量使教育行政倫理理論與行政倫理實務結合，而不是理論歸理論，實務歸實務。

參、教育行政倫理的教學

　　歐陽教（1987：89-93）認為，道德教學的方式包含道德事實的教學、道德實踐的教學及道德規範的指導，分述如下：
　　1. 道德事實的教學：道德教學的目的，在示明學習者，為何道德

上是如此的，亦即要闡明一個道德判斷或命題所依據的原理原則。因此，在做這種道德教學時，必須注意到道德判斷所牽涉到的邏輯及心理基礎。

2. 道德實踐的教學：道德的教學貴在道德規範的正確認知。可是，道德之所以為道德，更重要的是在實行，知而無行是偽君子，但行為實踐的教學不可流為一種斯巴達式的強制訓練。

3. 道德規範的指導：這是道德教學的一種最簡單的方式，目的是在適應「他律階段」的兒童，使其受到正確的道德規範的指引，這種道德規範的推薦並不涉及高深學理的解析。

美國品格教育聯盟（Character Education Partnership, CEP）歸納出九種有效的品格教學策略（吳怡靜，2007：61-62）：

1. 注重教師專業培訓：為負責品格教育的教師提供充分的在職專業訓練。

2. 增加學生互動：可同儕討論、合作學習、角色扮演等方式。

3. 直接教學：可採直接的講解與說明。

4. 加強學生的社會／情緒技能訓練：包括個人內在與人際技能兩大領域。

5. 將「品格」明確列為教學計畫重點：將道德、價值、德行或倫理納入教學重點。

6. 爭取家長與社區的參與：一種是把家長當成消費者，提供相關訓練，另一種是把家長與社區成員當成夥伴。

7. 提供榜樣與導師：提供同儕與成人榜樣以及值得信賴的輔導人。

8. 將品格教育融入學科課程：良好的品格教育有助於提高學生的課業成績。

9. 採取多種策略綜合法：單一種策略較難奏效，可多管齊下效果較佳。

馮丰儀（2005）之研究指出，教育行政倫理課程教學方法宜多樣

化，但目前國內常採用的方法主要為講述、經驗分享、文獻探討、討論、案例教學。馮丰儀（2005）進一步陳述，教育行政課程教學方法之設計宜更活潑、多樣，並加強學生反省，可行做法包括：

1. 可採用角色扮演及欣賞教學法，來提供學習者模擬真實情境、體驗他人境遇的機會。
2. 可透過合作學習來提供學生學習如何尊重、理解他人的不同觀點，共思問題解決策略的機會。
3. 可透過實地參訪、服務與學習和行動研究，來提供學生觀察與練習倫理實踐的機會。
4. 要求學生於每次課後撰寫反省札記，如果是在職學生可要求其曾處理的倫理問題進行反省，或就自己工作進行觀察反省記錄，鼓勵檢視自己的工作環境脈絡是否存在不合理的現象，並嘗試指出改變的方法。

筆者曾在「國立台灣師範大學進修推廣部台北市中等學校校長培育班」教授六週的「教育行政倫理」，對象是二十四位台北市高中主任及國中主任，筆者所運用的教學方法為：

1. 講述法：第一週及第二週講述教育行政倫理的基本內涵。
2. 師生討論：針對教育行政倫理議題進行師生討論與分享。
3. 案例分析與討論：以小組方式進行案例分析與討論，各小組親自撰寫案例或以現有案例，進行案例分析、討論與解決。
4. 角色扮演：各小組自編教育行政兩難困境之劇情，以角色扮演方式演出教育行政倫理困境，各組表演之後請組員發表感想。本章附錄是筆者對各組角色扮演之後，針對各組表演內容，寫給學員的一封信。
5. 影片欣賞：欣賞教育行政倫理之相關教育影片，並請各小組討論並撰寫心得報告。

肆、結語

　　倫理學的首要任務在對個人與人群的行為，進行反省、分析、評價與發展道德規範的標準，不僅探索道德思想合理性，也探索行為正當性。理想的倫理教育「始之於自覺，終之於自得」，旨在喚起倫理行動者，自發而樂於行動的意志，誠敬的待人接物與任事。真正的倫理教育不能只重倫理知識的傳授，也非被要求或要求別人遵行倫理教條，卻不明所以，而是要能激動人的內心，並使之充塞昂揚的行動意志，即知即行，即行即知（王立文、孫長祥、仲崇親，2005：31-32）。所以，教育行政倫理的教學與課程，除了理論性知識的探討外，也要強調實踐的重要性。本章在探討教育行政倫理的課程設計與教學方法，在課程內容方面，教育行政倫理可包括教育行政倫理的意涵、教育行政人員倫理守則、教育行政倫理兩難、教育行政倫理領導等內容；在課程設計方面，宜多元考量並融入成人學習的相關理論；在教學方法方面，可以兼採講述法、案例教學法、影片欣賞、角色扮演、辯論比賽、倫理實踐、反省札記等，而對於在職學生更應強調教育行政倫理之相關理論與實務的結合。

給校長培育班同學的一封信

敬愛的準校長╱主任：大家好！

上週五（1月19日）您們角色扮演的表現真是精彩極了，在短短的二十分鐘的排演，各組均能表現出學校行政面臨的諸多兩難困境，在笑聲中體會學校領導者的困境，我就將各組的表演內容，依劇情主題、兩難困境、利害關係人、解決方式、倫理議題等歸納如下表。

劇情主題	兩難困境	利害關係人	可能的解決方式	倫理議題
學生轉組	議員的施壓 教師會長的關說 個別學生的需求 眾多學生的看待 教務處的公信力	校長 教務任 輔導主任 教師會長 家長 學生	請輔導主任了解個別學生的實際狀況，專案處理	正義理論： 1.平等原則 2.差異原則 學生最大利益
寒假不上輔導課	教師的需求 學生的學業 家長的期望 升學的壓力	校長 教務主任 教師會長 級導師 家長會長 學生	請學生到校自修，學校安排教師輪值，並以學生的學習效果為考量，而不是教師的需求，來說服家長贏取認同	效益論 以學生福祉為最大的考量
工程款項問題	會計系統與學校教育行政系統的心態與認知落差 會計相關法規 時間的壓力	校長 總務主任 職員 廠商 會計主任 教育局	了解各種會計及總務相關法令，以不違法為最大前提，溝通必須明確並做成會議紀錄，召集相關人員謀求對策	正義倫理（法規） 關懷倫理（關心廠商的利潤） 批判倫理（種種不合理的法規及限制）
體育教師的不當管教	教師與家長對管教方式的認知落差 教師的認真要求 家長的心情 學生的個別差異 媒體的心態	校長 家長 教師 學生 媒體	安撫家長的情緒，為教師適時的辯護，誠實面對媒體，加強特殊學生的個別輔導並與相關任課教師保持密切聯繫，考量差異原則，對弱勢學生給與最大的照顧	正義倫理 關懷倫理 專業倫理

　　除了上表的分析外，我們也不難發現校長因居於上位及制高點，在處理學校行政各種兩難困境，必須具備統整能力，在兼聽各方意見後，做出合情、合理、合法、有智慧的回應與決定。

　　今天是教育行政倫理課程的最後一次上課，回顧過去五週的上課，感謝各位的認真投入學習，也感受到各位強烈的學習動機。教育行政倫理重實踐，也許我們無法成為聖人，但至少可當君子；也許我們無法面面俱到，但至少可問心無愧；也許我們無法完全貫徹倫理道德領導，但心嚮往之；教育行政倫理有難為之處，但可尋求應為之道，讓我們共同勉勵為教育下一代盡一份心力。最後敬祝各位

　　平安喜樂　步步高升

蔡進雄 敬上

2007.1.26

教育行政倫理

台灣地區教育行
政倫理研究的回
顧與未來展望

壹、前言

　　英國哲學家培根（F. Bacon）在〈談讀書〉一文中曾言：「歷史
使人聰明；詩歌使人富於想像；數學使人精確；自然哲學使人深刻；
倫理學使人莊重；邏輯學和修辭學使人善辯。」（李光億譯，1992：
160）。是故，教育行政人員除了對教育行政學之相關理論有所認識
外，對於倫理學之基本概念如效益論、義務論、正義倫理、關懷倫理
及批判倫理等（林火旺，2001；Starratt, 1991；Strike, Haller, & Soltis,
1998），也要有所了解，如此不僅可以讓自己在舉止態度上更為莊
重，更能在面臨一些行政問題及價值決定選擇時，有定見而不會隨波
逐流（蔡進雄，2004b）。

　　教育行政倫理是一個永不褪色的議題，誠如謝文全（2002：譯
序）所言，訂定並遵守專業倫理是學校行政人員專業化的重要規準之
一，尤其學校本身又是一個道德性質濃厚的機構，學校行政行為更須
符合倫理規範。特別是在二十一世紀後現代之價值多元社會，更顯見
教育行政倫理的重要性。關於教育行政倫理之相關文獻，國外已有不
少的研究及著作，例如 Strike、Haller 和 Soltis 在《學校行政倫理》
（*The Ethics of School Administration*）一書中，就以最大利益原則
（principle of benefit maximization）及平等尊重原則（principle of

equal respect for persons）兩大取向，來分析書中所呈現的各種學校行政案例（謝文全等譯，2002）。而 Starratt（1994）則從正義倫理（justice）、關懷倫理（care）及批判倫理（critique）來探討校長應有的作為。

　　所謂教育行政倫理，是倫理學概念與教育行政學概念的結合，是教育行政人員在行政運作過程中融入倫理的考量，使行政作為或決定能依循倫理規範與原則，表現出正確而正當的行為，並積極盡責且追求創新，為學生謀取最大的利益，以促進學校教育目標的達成（蔡進雄，2004a）。依 Sergiovanni（1992）的觀點，領導行為只是「領導的手」（hand of leadership），領導者的價值觀信念是「領導的心」（heart of leaderhip），而「領導的手」是受「領導的心」來指揮的。因此，要改善或修正領導行為最根本的方法，是培養領導者正確的倫理及價值信念，以引導校長做對的事（to do the right things）（蔡進雄，2005a：115-116）。

　　基於上述，本章的目的在於探討回顧台灣地區教育行政倫理之研究，最後提出相關建議以供教育行政人員及未來研究的參考。

貳、台灣地區教育行政倫理研究的回顧

　　以下就從所蒐集的十五篇學位論文研究，分別就研究主題、研究年代、研究對象及研究結果等四方面，來回顧台灣地區有關教育行政倫理的探究。

一、研究主題

　　從表 13-1 的研究主題分析表可知，在本文所蒐集的十五篇有關教育行政倫理的學位論文之研究中，研究主題主要是集中在校長的倫理或道德領導，例如林純雯（2001a）、顏童文（2002）、張憲庭（2003）、黃琬婷（2003）、張樵益（2004）、蘇美珍（2005）、林

俊傑（2005），以及陳隆進（2006）等八篇論文，都是在探討國民中學或國民小學校長的倫理及道德領導，其次是倫理決定有三篇（周百崑，2004；林立武，2005；許慶泉，2006），教師或校長的行政倫理有兩篇（林玲如，2002；陳平，2004），馮丰儀（2005）的博士論文是探究教育行政倫理之課程實施，而呂春明（2007）的論文則是研究督學教育視導倫理。

表 13-1　教育行政倫理之研究主題分析

研究主題	倫理決定	倫理或道德領導	教師或校長行政倫理	教育行政倫理課程與教學	督學視導倫理
研究篇數	3	8	2	1	1
百分比	20.00%	53.33%	13.33%	6.66%	6.66%

二、研究年代

　　由表 13-2 之分析可了解，國內學位論文對於教育行政倫理的研究，在 2000 年代之前是未曾受到注意，1970 年代至 1990 年代少有研究者研究教育行政倫理之相關議題，而有關教育行政倫理的研究主要是在 2000 年代之後。可見，雖然教育行政倫理之實踐及探討有其必要性，但國內對於此一領域的研究近幾年來才逐漸開展應屬於剛萌芽階段，而有待後續研究者繼續努力開拓。

表 13-2　教育行政倫理之研究年代分析

年代	1970 年代	1980 年代	1990 年代	2000 年代之後
篇數	0	0	0	15
百分比	0%	0%	0%	100%

三、研究對象

　　根據本文所蒐集的論文研究觀之，如表 13-3 所示，研究對象主要集中在國民小學教育人員（周百崑，2004；林立武，2005；張憲庭，2003；張樵益，2004；許慶泉，2006；陳隆進，2006；黃琬婷，2003；顏童文，2002），其次是國民中學有四篇（林俊傑，2005；林純雯，2001a；陳平，2004；蘇美珍，2005），而林玲如（2002）及馮丰儀（2005）分別以高級職業學校及大專校院教育行政倫理課程相關教師為研究對象，呂春明（2007）探討教育行政機關之督學教育視導倫理。由上述及表 13-3 分析可知，教育行政倫理的研究對象主要是集中在國民中小學，而未來研究可以延伸至大專校院、高級中學、幼稚園之教育階段及各縣市教育局。

表 13-3　教育行政倫理之研究對象分析

研究對象	大專院校	高級中學	國民中學	國民小學	幼稚園	教育行政機關
研究篇數	1	1	4	8	0	1
百分比	7.14%	7.14%	28.57%	57.14%	0%	0%

四、研究結果

　　國內有關教育行政倫理之學位論文主要研究結果，歸納整理如表 13-4 所示。從表 13-4 可知，多數研究者指出校長的道德領導有其必要性（林純雯，2001a；張憲庭，2003；顏童文，2002），而除了陳隆進（2006）研究發現，教師知覺校長道德領導行為在關懷包容、勇氣批判及公平正義未臻理想外，其餘的研究如黃琬婷（2003）、陳平（2004）、張樵益（2004）、蘇美珍（2005）、林俊傑（2005）的研究結果都指出，國民中小學校長能表現出中上程度的道德倫理領導或

行政倫理，且校長倫理及道德領導會影響教師的工作滿意度、工作投入及組織承諾（林俊傑，2005；張樵益，2004；黃琬婷，2003）。

　　此外，在學校行政倫理困境及倫理決定方面，林立武（2005）及許慶泉（2006）兩篇論文均研究發現，目前國民小學行政人員會面臨倫理兩難困境，而這些困境與其他組織是有所差異的，例如問題教師職務分配、學生編班、不適任教師等。由此亦可見，教育行政倫理確實可以建構屬於自己的知識體系而有別於公務倫理或企業倫理，畢竟各種不同的組織所面對的倫理兩難問題是有所差異的。

表 13-4　教育行政倫理之主要研究結果

研究者及年代	主要研究結果
林純雯（2001a）	國中校長實施道德領導有其必要性存在，乃因學校教育包含道德教育、道德領導可使人心悅誠服，及道德領導可重建校園倫理與社會倫理；國中校長實施道德領導有其可行性。
顏童文（2002）	目前國小校長實施道德領導有其必要性與可行性；校長與教師對於實施道德領導的滿意程度都很高。
林玲如（2002）	目前高職學校教師對行政倫理現況的認知程度均屬中等以上，其中表現最佳之順序為承諾、公平正義、尊重關懷、專業卓越、組織效能、責任；而對行政倫理的期望，最重視者為承諾，其次依序為組織效能、公平正義、尊重關懷、專業卓越、責任。
張憲庭（2003）	目前國小校長運用道德與價值領導有其必要性且可行；校長和教師對於運用道德與價值領導滿意程度都很高。
黃琬婷（2003）	台北縣國小校長展現中上程度之倫理取向領導行為；國小校長效益倫理取向、義務倫理取向、關懷倫理取向與教師工作滿意有顯著正相關且具有預測力。

周百崑（2004）	國小校長倫理決定外部控制及內部控制現況屬於中上程度；國小校長倫理決定價值觀現況屬於中上程度，各層面上以品德層面的傾向最高，正義層面的傾向最低。
張樵益（2004）	國小校長道德領導呈現相當成功的現象；國小校長道德領導能影響教師之組織承諾。
陳　平（2004）	南投縣國中校長的行政倫理為中高程度；校長行政倫理與教師工作士氣具有密切的關係；校長行政倫理的品德操守、公平正義與專業卓越三層面對教師工作士氣具有預測力，尤以專業卓越具有最大預測力。
林立武（2005）	國民小學行政人員處理行政事務及所面臨的行政困境，引發學生編班、教師職務、代課教師聘用、不適任教師等十項倫理議題。
林俊傑（2005）	國中教師在覺知校長道德領導行為上有正向的反應；校長道德領導行為與教師組織承諾及工作投入有顯著相關且具有預測力。
馮丰儀（2005）	教育行政倫理課程設計類型最理想的做法是兼採融入式及獨立式兩種；教育行政倫理教學宜多樣化及學習評量宜多元化。
蘇美珍（2005）	國民中學校長整體道德領導及各分層面皆屬中上程度；校長道德領導與兼任行政職務教師工作滿意有顯著相關。
許慶泉（2006）	個案學校行政人員所面臨的倫理困境計有問題教師職務安排、學生編班、與主管看法不同等十四個倫理困境；個案學校行政人員在倫理決定過程中，重關懷取向而較輕正義取向的考量。
陳隆進（2006）	目前國小教師認為校長施行道德領導的重要性，抱持著相當同意態度及肯定；教師知覺校長道德領導行為在關懷包容、勇氣批判及公平正義未臻理想。
呂春明（2007）	台北縣督學教育視導倫理，可以包括五個層面：批判倫理、正義倫理、德行倫理、效益倫理及關懷倫理。

資料來源：筆者自行整理

參、教育行政倫理研究的未來展望──代結語

　　教育行政倫理是國內新興的研究領域，自 2000 年代才逐漸受到教育行政研究者的矚目，以下就針對上述十五篇之學位論文分析，提出「肯定教育行政倫理探究的必要性」、「教育行政倫理的研究主題及研究對象可以再多元」、「撰寫教育行政倫理專書及本土化案例，以供教育行政人員及教學之參考」等三方面，闡述教育行政倫理研究的未來展望，以供教育相關人員的參考。

一、肯定教育行政倫理探究的必要性

　　從相關學者之理論觀點及本文所蒐集的學位論文研究，均肯定教育行政倫理研究的必要性及價值性。諸多研究也顯示校長道德領導能影響教師的工作滿意、組織承諾及工作投入，而上述研究亦指出教師能認同校長實施道德領導的重要性。可見，教育行政倫理及道德領導探究的必要性。

　　倫理是人類應該遵守的行為規範，而教育行政倫理就是在行政過程中融入倫理考量，且表現出合乎倫理規範的行政行為（蔡進雄，2005a：109）。綜言之，未來對於教育行政倫理之探究值得吾人繼續發展與努力，以利於教育行政倫理的實踐，而能展現出符合倫理規範之正確及恰當的教育行政行為，進而促進學校效能及教育目標的達成。

二、教育行政倫理的研究主題及研究對象可以再多元

　　從本文所蒐集的論文研究中可知，國內對於教育行政倫理的研究起步較晚，在 2000 年代之後教育行政倫理研究才逐漸受到教育研究者的青睞，但研究焦點主要也都集中在校長的倫理及道德領導，其次是倫理困境與決定、行政倫理及教育行政倫理課程，而吾人若了解教育行政倫理的研究範疇，即可知目前台灣地區有關教育行政倫理的學

位論文研究主題似乎可以再多元，例如：社會正義、行政裁量權、比較各國教育行政倫理、教育行政人員倫理守則等，都是可以研究的教育行政倫理主題。

質言之，教育行政學界應鼓勵更多的研究者投入教育行政倫理的研究，以開展更多的議題。而以教育行政倫理的學術造型來看，其研究內容應該包括教育行政倫理的內涵（如正義倫理、關懷倫理、批判倫理、結果論、非結果論等）、教育行政人員的倫理守則、道德及倫理領導、教育行政的兩難困境、教育行政的倫理決定、社會正義與教育行政等，但國內學位論文的研究主要是在倫理領導及道德領導，因此未來研究主題之觸角可以再更為多元。此外，研究對象也不一定要針對中小學校，幼稚園、大專校院及教育行政機構之行政倫理亦可探討。

三、撰寫教育行政倫理專書及本土化案例，以供教育行政人員及教學之參考

國內外對於教育行政倫理的探討已逐漸受到重視，國外已有類似專書，國內雖有諸多期刊論文及學位論文探討教育行政倫理之相關議題，但卻未見有系統的教育行政倫理之中文專書。是故，為了提供教育相關人員及教學上的參考，建議對於教育行政倫理此一議題有興趣的教育行政學者可撰寫教育行政倫理專書，一方面可以做為教育行政人員培育時之授課參考，一方面也可藉此建構教育行政倫理的學術內涵，本書即基於此原因而加以撰寫。此外，目前國內較欠缺教育行政倫理之本土化案例，未來可以發展更多符合台灣地區之本土化教育行政倫理案例，以供融入教育行政倫理教學之用，而本書附錄二所列之案例可供參考。

參考文獻

中文部分

卜達海（1988）。從行政倫理談人事人員的服務態度。載於銓敘部（主編），**行政管理論文選輯**（第三輯）（頁 647-681）。台北：銓敘部。

三民書局大辭典編纂委員會（1985）。**大辭典**。台北：三民。

方志華（2002）。關懷倫理學觀點下的教師專業素養。**教育研究資訊，10**（4），1-20。

方志華（2004）。**關懷倫理學與教育**。台北：洪葉。

毛治國（2003）。**決策**。台北：天下。

牛格正（1991）。**諮商專業倫理**。台北：五南。

王立文、孫長祥、仲崇親（2005）。**倫理與通識**。台北：文史哲出版社。

王如哲等（譯）（2004）。*J. Murphy & K. S. Louis* 主編。**教育行政研究手冊**。台北：心理。

王臣瑞（1995）。**倫理學**。台北：學生書局。

王秉鈞（1998）。人力資源管理未來發展趨勢。載於黃英忠等（著），**人力資源管理**（頁 360-386）。台北：華泰。

王保進、鄭珮琳（2005）。教育評鑑倫理準則之初探。**現代教育論壇，13**，407-419。

王新超（譯）（2002）。**組織和心理契約**。*P. Makin & C. Charles* 原著。台北：五南。

王煥琛（1987）。推行倫理道德教育具體方案──道德規律問題之研討。載於**學校倫理研究**（頁 183-229）。台北：台灣書店。

王鳳生、蔡豐隆（2003）。企業倫理氣候、倫理行為與企業社會績效。**亞太經濟管理評論，6**（2），103-119。

王麗雲（2005）。校長領導的倫理面向。**現代教育論壇，12**，40-45。

伍忠賢（2002）。**管理學**。台北：三民。

全國教師自律公約（2007）。2007 年 9 月 10 日，取自 *http://teacher.center. kl.edu.tw/low.htm*

成中英（1986）。**知識與價值：和諧、真理與正義之探討**。台北：聯經。

江岷欽（1993）。**組織分析**。台北：五南。

江明修（1998）。我國行政倫理之初探：政策規劃人員決策價值之質的研究。**人事管理，35**（1），4-26。

江玫君（譯）（1998）。*W. M. Hoffman & R. E. Frederick* 編。**企業倫理：文選與個案**。台北：麥格羅・希爾。

牟鍾福（2002）。**國中體育教師組織正義與組織信任對組織承諾影響之研究**。國立台灣師範大學體育研究所博士論文，未出版，台北。

何寄澎（2000）。談「校園倫理」。**訓育研究，39**（2），20。

何福田（2006）。**論校長：知識經濟時代的品格觀**。台北：高等教育。

何懷宏（2002）。**倫理學是什麼**。台北：揚智。

吳　定（編著）（2003）。**公共政策辭典**。台北：五南。

吳　森（1979）。**比較哲學與文化（二）**。台北：東大。

吳成豐（1995）。不同組織主管價值型態的差異及其決策時影響道德的考量因素之研究。**臺大管理論叢，6**（2），135-158。

吳成豐（1997）。組織內強化「倫理氣候」的方法及台灣六家企業對該方法的反應之個案研究。**上海交通大學學報，31**（4），130-134。

吳成豐（2005）。**企業倫理的實踐**。台北：前程。

吳秀碧（主編）（2006）。**生命教育理論與教學方案**。台北：心理。

吳秀瑾（2006）。關懷倫理的道德蘊涵——試論女性主義的道德知識生產與實踐。**國立政治大學哲學學報，16**，107-162。

吳怡靜（2007）。品格，這樣教就對了。載於何琦瑜、吳毓珍（主編），**教出品格力**（頁 55-62）。台北：天下。

吳武雄（2006）。學校行政之現況與未來。載於淡江大學教育政策與領導研究所、台北縣政府教育局主辦之「**現代學校行政職能學術研討會**」大會手冊暨論文集。台北。

吳秉恩（審訂）（2006）。*A. Shriberg, D. L. Shriberg & R. Kumari* 著。**領導學：原理與實踐**。台北：智勝。

吳芳琪（*2006*）。**工作價值觀、個人倫理氣候知覺與倫理行為關係之研究**。
　　私立輔仁大學管理學研究所碩士論文，未出版，台北。

吳金香（*2000*）。**學校組織行為與管理**。台北：五南。

吳奕慧、尤慧慧、蔡筱薇、張明諭（譯）（*2004*）。*S. P. Robbins & D. A. De-
　　Cenzo* 著。**領導學**。台北：台灣培生教育。

吳清山（*1997*）。建立教師專業權威之探索——談專業知能、專業自主與專
　　業倫理。**初等教育學刊**，**6**，*41-58*。

吳清山（*2001*）。**教育發展研究**。台北：元照。

吳清山（*2002a*）。學校行政研究的重要課題與未來取向。**教育研究月刊**，
　　100，*23-31*。

吳清山（*2002b*）。知識經濟社會的校園倫理。**學生輔導**，**82**，*18-29*。

吳清山（*2006a*）。教育行政的倫理面向。載於謝文全等（著），**教育行政
　　學：理論與案例**（頁 *71-99*）。台北：五南。

吳清山（*2006b*）。嚴守評鑑倫理，確保評鑑公信力。**評鑑雙月刊**，**4**，
　　12-13。

吳清山、林天祐（*2003a*）。教育正義。**教育資料與研究**，**54**，*152*。

吳清山、林天祐（*2003b*）。**教育小辭書**。台北：五南。

吳清山、林天祐（*2004a*）。行政倫理。**教育研究月刊**，**128**，*151*。

吳清山、林天祐（*2004b*）。評鑑倫理。**教育研究月刊**，**128**，*152*。

吳清山、黃旭鈞（*1999*）。「教育行政人員專業倫理準則」之建構。**理論與
　　政策**，**13**（*2*），*37-55*。

吳清基（*1990*）。重建教育行政倫理。**研習資訊**，**63**，*1-5*。

吳復新（編著）（*1996*）。**人力資源管理**。台北：國立空中大學。

呂春明（*2007*）。**台北縣督學教育視導倫理之研究**。國立台灣師範大學教育
　　學系碩士論文，未出版，台北。

李心瑩（譯）（*2000*）。*H. Gardner* 著。再建多元智慧。台北：遠流。

李田樹、李芳齡（譯）（*2003*）。*D. N. Sull* 著。**成功不墜——最適者再生**。
　　台北：天下。

李光億（譯）（*1992*）。*F. Bacon* 著。**培根論文集**。台北：協志工業叢書。

李安德（*2002*）。**超個人心理學**。台北：桂冠。

李其芳（*1996*）。**企業倫理政策、倫理氣候與組織績效關係之研究**。私立輔

仁大學企業管理學系碩士論文，未出版，台北。

李芝安（1997）。道德發展的另一種聲音——談女性的道德發展。**中等教育**，**48**（4），92-98。

李青芬、李雅婷、趙慕芬（編譯）（2002）。*S. P. Robbins* 著。**組織行為學**。台北：華泰。

李春旺（2005）。**企業倫理**。台北：正中。

李茂興（譯）（2002）。*K. D. Hopkins* 著。**教育測驗與評量**。台北：學富。

李琪明（1999）。學校總體營造——新時代校園倫理之願景。**人文及社會學科教學通訊**，**10**（2），55-66。

李琪明（2003）。**倫理與生活**。台北：五南。

李進昌（2005）。**員工倫理氣候認知及組織公平對員工道德行為之影響——以大陸籍員工為例**。私立大葉大學國際企業管理學系碩士在職專班，未出版，彰化。

李毓昭（譯）（2004）。*K. Blanchard & S. Johnson* 著。**一分鐘經理**。台中：晨星。

沈清松（1996）。倫理學與專業倫理教育。**通識教育季刊**，**3**（2），1-17。

沈清松（2004）。**大學理念與外推精神**。台北：五南。

沈銀和（2000）。**校長的法律責任**。台北：三民。

汪　益（譯）（1992）。*K. Blanchard & N. V. Peale* 著。**一分鐘倫理管理**。台北：聯經。

卓正欽（2000）。**組織中分配正義與程序正義對員工組織承諾、工作滿意及離職傾向之影響——以會計師事務所為探討對象**。國立台灣大學商學研究所碩士論文，未出版，台北。

周百崑（2004）。**國民小學校長倫理決定之研究**。國立台中師範學院國民教育研究所碩士論文，未出版，台中。

周伯恆（譯）（1999）。*H. J. Gensler* 原著。**倫理學入門**。台北：韋伯文化。

周雲昌（2005）。**螃蟹的文化**。台北：海鴿。

底正平（2006）。**倫理氣候認知對組織承諾、組織公民行為與離職傾向影響之研究——以南部地區醫院員工為例**。私立長榮大學經營管理研究所在職專班碩士論文，未出版，台南。

林火旺（2001）。**倫理學**。台北：五南。

林火旺（2006）。**道德──幸福的必要條件**。台北：寶瓶。

林生傳（1986）。從社會學觀點談校園倫理教育的實施。載於國立高雄師範學院主辦之**「校園倫理學術研討會」記錄**（頁52-61）。高雄。

林立武（2005）。**國民小學學校行政倫理議題之倫理決定**。國立中正大學教育研究所碩士論文，未出版，嘉義。

林有土（1983）。**倫理學的新趨向**。台北：正中。

林志成（2002）。專業是社會變遷中新校園倫理的靈魂。**學校行政雙月刊，19**，42-55。

林育卿（2006）。**魅力領導、倫理氣候與員工道德承諾之關聯探討**。國立台灣海洋大學航運管理學系碩士論文，未出版，基隆。

林佳璋（2003）。志工之自我管理。載於江明修（主編），**志工管理**（頁189-231）。台北：智勝。

林孟彥（譯）（2003）。*S. P. Robbins & M. Coulter* 著。**管理學**。台北：華泰。

林延慧、張振華（譯）（2002）。*K. Strike & J. F. Soltis* 著。**教學倫理**。台北：桂冠。

林明地（1999）。重建學校領導的倫理學觀念。**教育政策論壇，2**（2），129-157。

林明地（2002）。**學校領導：理念與校長專業生涯**。台北：高等教育。

林明地（2006）。*Nel Noddings* 關懷倫理及其在學校領導的應用。**教育政策論壇，9**（2），101-129。

林明地等（譯）（2003）。*W. K. Hoy & C. G. Miskel* 著。教育行政學──**理論、研究與實務**。高雄：麗文。

林俊傑（2005）。**國民中學校長道德領導行為與教師組織承諾及工作投入關係之研究**。國立高雄師範大學教育學系碩士論文，未出版，高雄。

林玲如（2002）。**我國高級職業學校教師行政倫理觀之研究**。國立彰化師範大學商業教育學系碩士論文，未出版，彰化。

林純雯（2001a）。**國民中學校長道德領導之研究**。國立台灣師範大學教育學系碩士論文，未出版，台北。

林純雯（2001b）。道德領導──學校行政領導的新面向。**中等教育，52**（4），110-127。

林彩岫（1997）。專業尊嚴、專業自主與專業倫理信條。載於國立教育資料館（編），**現代教育論壇（三）**（頁289-293）。台北：國立教育資料館。

林清江（1987）。重振學校倫理的途徑。載於中國教育學會（主編），**學校倫理研究**（頁63-71）。台北：台灣書店。

林淑姬、樊景立、吳靜吉、司徒達賢（1994）。薪酬公平、程序公正與組織承諾、組織公民行為關係之研究。**管理評論**，**13**（2），87-108。

林逢祺（2000）。美感與道德教育：論道德教學的審美判斷。**教育資料集刊**，**25**，127-146。

林鍾沂（2002）。**行政學**。台北：三民。

邱皓政（2004）。**量化研究與統計分析**。台北：五南。

邱華君（1995）。行政倫理理論與實踐。載於**弘揚社會道德系列叢書第二輯：現代倫理道德的理論與實踐**（頁205-229）。台北：財團法人弘揚社會道德文教基金會印行。

邱瑞忠（2001）。行政倫理在公共管理中的規範性作用——倫理分析與道德抉擇的途徑。**東海社會科學學報**，**21**，27-44。

邱麗蓉（2003）。**組織公平與組織公民行為關係之研究——以苗栗縣國民小學為例**。私立淡江大學教育政策與領導研究所碩士論文，未出版，台北。

紀向曦（譯）（1989）。K. Blanchard & N. Peale 著。**道德管理的力量**。高雄：華光。

胡中宜（2003）。**社會工作人員專業倫理決策過程之研究**。私立東海大學社會工作學系博士論文，未出版，台中。

范熾文（2000）。學校行政決定的革新趨向：倫理決定。**學校行政雙月刊**，**8**，55-67。

范熾文（2001）。**學校行政決定的哲學基礎：以羅爾斯正義論為例**。發表於學校行政論壇第七次研討會。台北：中華民國學校行政研究學會。

孫　震（2006）。**經濟發展的倫理基礎**。台北：台灣商務。

徐炳勳（譯）（1998）。S. R. Covey 著。**與領導有約**。台北：天下。

徐振雄（2005）。**法治視野下的正義理論**。台北：洪葉。

徐愛婷（譯）（2005）。P. Aburdence 著。**2010 大趨勢**。台北：智庫。

徐瑋伶、黃敏萍、鄭伯壎、樊景立（2006）。德行領導。載於鄭伯壎、姜定宇等人（著），**華人組織行為：議題、作法及出版**（頁122-149）。台北：華泰。

徐　震、鄭怡世（2002）。社會工作實務中的倫理決策模式。載於徐震、李明政（主編），**社會工作倫理**（頁575-607）。台北：五南。

真　如（譯）（2002）。*J. Collins & J. I. Porras* 著。**基業長青**。台北：智庫。

秦夢群（1991）。**教育行政理論與應用**。台北：五南。

秦夢群（1997）。**教育行政：理論部分**。台北：五南。

翁岳生（1990）。**行政法與現代法治國家**。台北：國立台灣大學法學叢書編輯委員會。

高強華（1996）。校園文化與校園倫理的重建。**訓育研究**，**35**（4），53-60。

高等教育評鑑中心（2006）。做好大學系所評鑑，評鑑委員專業倫理嚴把關。**評鑑雙月刊**，**4**，17-20。

張人偉（2004）。**企業倫理氣候對於員工工作態度及員工倫理行為影響之研究——以證券營業員為例**。私立銘傳大學國際企業學系碩士班碩士論文，未出版，台北。

張石光（2000）。**領導風格、行政倫理與組織公民行為之研究——以高雄市稅捐處為例**。發表於國立中山大學人力資源管理研究所主辦之「企業人力資源管理診斷專案研究成果研討會」。高雄。

張沛文（譯）（2001）。*J. C. Hunter* 著。**僕人**。台北：商周。

張家洋（1986）。**行政法**。台北：三民。

張素偵（2002）。增進新世紀校園倫理之有效策略。**學生輔導**，**82**，72-79。

張善智（譯）（2006）。*J. Greenberg* 著。**組織行為**。台北：學富。

張德銳（1994）。卓越領導者評鑑規準初探。**社教雙月刊**，**59**，8-11。

張憲庭（2003）。**從倫理觀點探討國民小學校長道德與價值領導**。私立輔仁大學教育領導與發展研究所碩士論文，未出版，台北。

張樵益（2004）。**國民小學校長道德領導與教師組織承諾之研究**。國立台中師範學院進修暨推廣部國民教育學系學校行政碩士學位碩士論文，未出版，台中。

曹俊漢（2003）。**行政現代化的迷思**。台北：韋伯。

莊道明（1996）。**圖書館專業倫理**。台北：文華。

莊輝濤（1998）。**重建民主理論**。台北：韋伯。

莊錫欽（2004）。**高級職校教師心靈特質、生命意義感與生命教育態度之關係研究**。國立彰化師範大學教育研究所碩士論文，未出版，彰化。

許孟祥、黃貞芬、林東清（1996）。**資訊時代中倫理導向之決策制定架構**。2007 年 3 月 31 日，取自 *http://www.ios.sinica.edu.tw/pages/seminar/infotec1/ethic.htm*

許慶泉（2006）。**國民小學學校行政人員倫理困境與倫理決定之個案研究**。國立台中教育大學國民教育研究所碩士論文，未出版，台中。

許籐繼（2001）。**學校組織權力充重建**。台北：五南。

郭玉霞（1998）。教育專業倫理準則初探：美國的例子。**國民教育研究集刊**，**6**，*1-19*。

郭玉霞（2001）。專業倫理──小學教師面對的倫理問題。載於黃政傑、張芬芬（主編），**學為良師**。台北：師大書苑。

郭為藩（1986）。**科技時代的人文教育**。台北：幼獅。

郭為藩（1992）。教育專業。載於郭為藩、高強華（著），**教育學新論**（頁238-277）。台北：正中。

陳　平（2004）。**國民中學校長行政倫理與教師工作士氣關係之研究──以南投縣為例**。國立暨南國際大學教育政策與行政學系碩士論文，未出版，南投。

陳　樹（1998）。**領導風格與組織文化關聯性之研究**。國立台灣大學商學系博士論文，未出版，台北。

陳延興（2000）。**國小教師教學倫理之個案研究**。國立台中師範學院國民教育研究所碩士論文，未出版，台中。

陳奎熹（1990）。**教育社會學研究**。台北：師大書苑。

陳恩澤（編著）（1995）。**行政學：Q & A**。台北：風雲論壇。

陳迺臣（譯）（1981）。*G. F. Kneller* 著。**教育哲學**。高雄：復文。

陳曼玲（2006）。評鑑威權來自於評鑑倫理的建立──專訪成大醫學院創院院長、TMAC 主任委員黃崑巖教授。**評鑑雙月刊**，**4**，*1-3*。

陳敏麗（2006）。**我國衛生教育專業倫理信條建構之研究**。國立台灣師範大

學衛生教育學系博士論文,未出版,台北。

陳隆進(2006)。**高屏地區國民小學校長道德領導行為現況調查及其發展策略之研究**。國立高雄師範大學教育學系碩士論文,未出版,高雄。

陳榮彬(譯)(2004)。*R. Koch, J. Yudelowitz & R. Field* 著。**變中求勝的企業領導**。台北:遠流。

陳　韺等(譯)(2002)。*L. Kydd, M. Crawford & C. Riches* 編。**教育管理的專業發展**。香港:香港公開大學出版社。

陳麗綺(2002)。**台灣與大陸企業組織公正、員工工作滿意與組織公民行為之比較研究**。私立大葉大學國際企業管理研究所碩士論文,未出版,彰化。

章　菱(1997)。**公民資格中的權利、利他主義與社會整合——一個解決權利與利他主義之衝突與社會整合**。國立清華大學哲學研究所碩士論文,未出版,新竹。

傅寶宏(2002)。**倫理操作模式與學校行政倫理議題之研究:以中部地區國民小學為例**。私立靜宜大學企業管理學系碩士論文,未出版,台中。

曾仕強(1987)。**現代化的中國式管理**。台北:聯經。

曾淑惠(2002)。**教育方案評鑑**。台北:師大書苑。

曾雅偉(2001)。**組織正義與組織承諾對組織公民行為的影響**。私立大同大學事業經營研究所碩士論文,未出版,台北。

游　敏(譯)(1999)。*T. Morris* 著。**亞里斯多德總裁**。台北:大塊文化。

華力進(1981)。**政治學**。台北:經世書局。

馮丰儀(2005)。**教育行政倫理及其課程之研究**。國立台灣師範大學教育學系博士論文,未出版,台北。

馮丰儀(2006)。意識打造學校行政倫理。載於張鈿富(主編),**學校行政:理念與創新**(頁153-169)。台北:高等教育。

黃　藿(2004)。教育專業倫理與道德教育。載於黃藿(主編),**教育專業倫理(1)**(頁1-43)。台北:五南。

黃乃熒(2000)。**後現代教育行政哲學**。台北:師大書苑。

黃乃熒(2004)。後現代學校行政倫理及其兩難困境之解決。**教育研究集刊,50**(3),1-29。

黃乃熒、鄭杏玲、黃婉婷(譯)(2007)。*D. Fink* 原著。**教育領導與組織**

永續發展。台北:華騰。

黃乃熒、劉約蘭、曹芳齡、黃耀輝、張靜瑩(譯)(2008)。*B. Davies* 原著。**學校領導新潮**。台北:華騰。

黃光雄(編譯)(1989)。**教育評鑑的模式**。台北:師大書苑。

黃宏森(2005)。弊端揭發者(*Whistle-blowers*)面臨的難題與抉擇之研究。**公共行政學報**,**14**,*39-78*。

黃昆輝(1989)。**教育行政學**。台北:東華。

黃政傑(1990)。**課程評鑑**。台北:師大書苑。

黃家齊(2002)。組織公正與組織公民行為——認知型與情感型信任的中介效果。**臺大管理論叢**,**12**(*2*),*107-141*。

黃振球(1992)。**學校管理與績效**。台北:師大書苑。

黃崑嚴(2005)。**黃崑嚴談教養**。台北:聯經。

黃淑貞(2005)。**中學生靈性健康與生活壓力相關之研究——以台中地區三所女中為例**。私立輔仁大學教育領導與發展研究所在職專班碩士論文,未出版,台北。

黃琬婷(2003)。**國民小學校長倫理取向與教師工作滿意之相關研究**。私立輔仁大學教育領導與發展研究所碩士論文,未出版,台北。

黃經洲(2003)。**組織倫理氣候、醫學倫理原則與醫療行為外顯表現關係之研究**。國立中山大學人力資源管理研究所碩士論文,未出版,高雄。

黃漢耀(譯)(2000)。*R. J. Aldag & B. Joseph* 著。**打造領袖氣質**。台北:新自然主義。

楊仕裕(2007)。從認知發展與靈性發展探析大學生公民發展之教育作為。**全人教育學報**,**創刊號**,*73-102*。

楊克平(2000)。靈性層面之照護。載於楊克平等(合著),**安寧與緩和療護學——概念與實務**(頁 *507-532*)。台北:偉華。

楊雪真(2003)。**校園倫理之現況探討——以台東縣國民小學之研究為例**。國立台東師範學院教育研究所碩士論文,未出版,台東。

楊瑞珠(總校閱)(1997)。*G. Corey, M. S. Corey & P. Callanan* 著。**諮商倫理**。台北:心理。

葉紹國(1996)。道德推理中關懷導向與正義導向思考之區辨及其中國社會實踐的特徵。**本土化心理學研究**,**5**,*264-311*。

詹棟樑（*2002*）。**教育倫理學導論**。台北：五南。

詹雅玲（*2004*）。**倫理氣候、倫理契合度與社會賦閒關係之研究**。私立中國
　　文化大學國際企業管理研究所碩士論文，未出版，台北。

詹德隆（*2000*）。輔大校園倫理教育的推行、成果與展望。**哲學與文化，27**
　　（*4*），*337-348*。

詹靜芬（*2001*）。中級主管行政倫理困境之理論分析。載於銓敘部（主
　　編），**行政管理論文選輯第十五輯**（頁 *327-344*）。台北：銓敘部。

賈馥茗（*2004*）。**教育倫理學**。台北：五南。

鄔昆如（*2006*）。**倫理學**。台北：五南。

趙永芬（譯）（*2004*）。*C. Handy* 著。**適當的自私**。台北：天下。

趙達瑜（*1997*）。美國「弊端揭發人保護法」析介。**人事行政，122**，
　　41-49。

劉智仁（*2005*）。**組織文化與商業倫理之探討——以安隆案為例**。國立中央
　　大學哲學研究所碩士論文，未出版，桃園。

劉維琪（*2006*）。尋求李斯特。**評鑑雙月刊，4**，*6-7*。

歐陽教（*1986*）。從哲學觀點談校園倫理教育的實施。載於「**校園倫理學術
　　研討會」記錄**（頁 *18-42*）。高雄：國立高雄師範學院。

歐陽教（*1987*）。**道德判斷與道德教學**。台北：文景。

歐陽教（*1992*）。**德育原理**。台北：文景。

歐滄和（*2002*）。**教育測驗與評量**。台北：心理。

蔡良文（*1999*）。**人事行政學**。台北：五南。

蔡進雄（*1993*）。**國民中學校長領導方式與教師組織承諾關係之研究**。國立
　　台灣師範大學教育研究所碩士論文，未出版，台北。

蔡進雄（*2000*）。**轉型領導與學校效能**。台北：師大書苑。

蔡進雄（*2001a*）。**學校行政領導**。台北：師大書苑。

蔡進雄（*2001b*）。**學校教育與行政**。台北：商鼎。

蔡進雄（*2003a*）。論校長如何展現倫理領導。**人文及社會學科教學通訊，
　　14**（*1*），*25-36*。

蔡進雄（*2003b*）。**學校行政與教學研究**。高雄：復文。

蔡進雄（*2004a*）。論如何建立學校行政倫理。**公教資訊，8**（*1*），*1-10*。

蔡進雄（*2004b*）。邁向授權賦能導向的校務評鑑。**中等教育，55**（*2*），

4-15。

蔡進雄（2005a）。**學校領導理論研究**。台北：師大書苑。

蔡進雄（2005b）。論學校組織兩難管理。**師說**，**189**，44-48。

蔡進雄（2005c）。學校行政人員研究所在職進修教學方法之探討。**學校行政雙月刊**，**38**，1-10。

蔡進雄（2006a）。從評鑑的意涵論「學生評鑑教師教學」。**深耕教與學電子報**，**2**，1-7。

蔡進雄（2006b）。理性、感性、靈性與校長領導。**菁莪季刊**，**18**（2），2-7。

蔡進雄（2006c）。提升教育領導的新境界：論靈性與教育領導。**教育研究月刊**，**146**，78-86。

蔡進雄（2007a）。論正義倫理與關懷倫理對學校行政領導的啟示。**中等教育**，**58**（3），42-54。

蔡進雄（2007b）。教育評鑑的幾種效應。**評鑑雙月刊**，**10**，54-56。

蔡慧貞（2006）。**倫理機制、倫理氣候與倫理行為之關係——以金融業理財專員為例**。國立中山大學人力資源管理研究所碩士論文，未出版，高雄。

鄭仁偉、黎士群（2001）。組織公平、信任與知識分享行為之關係性研究。**人力資源管理學報**，**1**（2），69-93。

鄭珮琳（2006）。先進國家教育評鑑專業倫理面面觀。**評鑑雙月刊**，**4**，9-11。

鄭崇趁（2007）。**國民中小學校務評鑑指標及實施方式研究**。台北：心理。

鄭照順（2007）。**企業與教育領導原理**。台北：心理。

鄭燿男（2002）。**國中小教師的組織公民行為及其影響因素之研究——學校組織公民行為模型初構**。國立高雄師範大學教育學系博士論文，未出版，高雄。

黎正中（譯）（2008）。O. C. Ferrell, J. Fraedrich & L. Ferrell 著。**企業倫理**。台北：華泰。

蕭武桐（1995）。**行政倫理**。台北：國立空中大學。

蕭武桐（2002）。**公務倫理**。台北：智勝。

蕭武桐、黃新福（1999）。從倫理觀點論行政裁量權的運用。載於銓敘部

（主編），**行政管理論文選輯（第十三輯）**（頁 349-376）。台北：銓敘部。

蕭雅竹（2002）。靈性概念之認識與應用。**長庚護理，13**（4），345-351。

賴志超、鄭伯壎、陳欽雨（2001）。台灣企業員工組織認同的來源及其效益。**人力資源管理學報，1**（1），27-51。

閻紀宇（譯）（2007）。D. Goleman 著。**SQ一I-You 共融的社會智能**。台北：時報。

戴楊健（1996）。**行政倫理守則之研究**。國立政治大學公共行政學系碩士論文，未出版，台北。

謝文全（1998）。道德領導——學校行政領導的另一扇窗。載於林玉体（主編），**跨世紀的教育演變**（頁 237-253）。台北：文景。

謝文全（2003）。**教育行政學**。台北：高等教育。

謝文全等（譯）（2002）。K. A. Strike, E. J. Haller & J. F. Soltis 著。**學校行政倫理**。台北：學富。

謝芳鈴（2004）。**會計人員組織倫理氣候知覺、財務報導道德困境、組織承諾與離職傾向關係之研究**。私立淡江大學會計學系碩士在職專班碩士論文，未出版，台北。

鍾春株（2001）。**臨床醫學倫理議題之判斷與處理方式的探討——比較醫護人員、宗教界與法界人士的看法**。私立台北醫學院醫學研究所碩士論文，未出版，台北。

簡成熙（2000）。正義倫理與關懷倫理的論辯：女性倫理學的積極意義。**教育資料集刊，25**，132-162。

顏童文（2002）。**中部四縣市國民小學校長道德領導之研究**。國立暨南國際大學教育政策與行政研究所碩士論文，未出版，南投。

顏肇基、陳姣伶、張召雅、周育如、鍾志從（2005）。幼兒利他分享之認知、情感與行為探討。**家政教育學報，7**，30-54。

羅吉旺（1993）。談「黑函文化」——兼談政風機構對「黑函」的處理原則。**法學叢刊，151**，125-131。

羅傳賢（2001）。**行政程序法**。台北：五南。

羅新興（2002）。人事獎懲決策歸因與程序正義知覺關係之研究——以國防管理學院成員為樣本。**人力資源管理學報，2**（4），1-13。

羅耀宗等（譯）（2004）。*F. J. Richter & P. C. M. Mar* 著。**企業全面品德管理**。台北：天下。

蘇芊遲（2007）。**國民小學校長決策風格與倫理決定之相關研究**。國立台南大學教育經營與管理研究所碩士論文，未出版，台南。

蘇美珍（2005）。**國民中學校長道德領導與兼任行政職務教師工作滿意關係之研究**。國立政治大學學校行政碩士班碩士論文，未出版，台北。

英文部分

Adams, J. S. (1965). Inequity in social exchange. In L. Berkowitz (Ed.), *Advances in experimental social psychology* (Vol. 7) (pp. 267-299). Orland: Academic Press.

Bass, B. M.(1985). *Leadership and performance beyond expectations*. New York: Macmillan.

Beck, L. G., & Murphy, J. (1994). *Ethics in educational leadership program: An expanding role*. Thousand Oaks, CA: Corwin Press.

Bies, R. J., & Moag, J. S. (1986). Interactional justice: Communication criteria for fairness. In B. Sheppard (Ed.), *Research on negotiation in organizations* (Vol. 1) (pp. 43-55). Greenwich, CT: JAI.

Blase, J., & Anderson, G. L. (1995). *The micropoltics of educational leadership: From control to empowerment*. New York, NY: Cassell.

Bryman, A. (1992). *Charisma and leadership in organizations*. London: Sage.

Burns, J. M. (1978). *Leadership*. New York: Harper and Row.

Calabrese, R. L. (1988). Ethical leadership: A prerequisite for effective schools. *NASSP Bulletin, 72*(512), 1-4.

Campbell, E. (1997). Ethical school leadership: Problems of an elusive role. *Journal of School Leadership, 7*(4), 287-300.

Ciulla, J. B. (1998). *Ethics: The heart of leadership*. Westport, CT: Greenwood.

Cooper, T. L. (1990). *The responsible administrator: An approach to ethics for the administrative role*. New York: Associated Faculty Press.

Davis, J. E. (1999). Commentary: Advocacy, care, and power. *American Jour-*

nal of Evaluation, 20, 119-122.

Deal, T. E., & Peterson, K. D. (1994). *The leadership paradox: Balancing logic and artistry in schools.* San Francisco, CA: Jossey-Bass.

Dempster, N., & Berry, V. (2003). Blindfolded in a minefield: Principals' ethical decision-making. *Cambridge Journal of Education, 33*(3), 457-477.

Deshpande, S. P. (1996). Ethical climate and link between success and ethical behavior: An empirical investigation of a non-profit organization. *Journal of Business Ethics, 15*, 315-320.

Elkins, D. N., Hedstrom, L. J., Hughes, L. L., Leaf, J. A., & Saunders, C. (1988). Toward a humanistic-phenomenological spirituality: Definition, description, and measurement. *Journal of Humanistic Psychology, 28*(4), 5-18.

Enomoto, E. K. (1997). Negotiating the ethics of care and justice. *Educational Administration Quarterly, 33*(3), 351-370.

Fairholm, G. W. (1996). Spiritual leadership: Fulfilling whole-self needs at work. *Leadership & Organization Development Journal, 17*(5), 11-17.

Fairholm, G. W. (2000). *Capturing the heart of leadership: Spirituality and community in the new American workplace.* Westport: Praeger.

Fiedler, F. E. (1967). *A theory of leadership effectiveness.* New York: McGraw-Hill.

Folger, R., & Greenberg, J. (1985). Procedural justice: A interpretative analysis of personal systems. In K. M. Roland & G. R. Ferris (Eds.), *Research in personnel and human resource management* (Vol. 3) (pp. 141-183). Greenwich, CT: JAI Press.

Folger, R., & Konovsky, M. A. (1989). Effects of procedural and distributive justice on reactions to pay raise decisions. *Academy of Management Journal, 32*, 115-130.

Gerstl-Pepin, C., Killeen, K., & Hasazi, S. (2006). Utilizing an "ethic of care" in leadership preparation: Uncovering the complexity of colorblind social justice. *Journal of Educational Administration, 44*(3), 250-263.

Gilligan, C. (1982). *In a different voice.* Cambridge, MA: Harvard University

Press.

Gini, A. (1998). Moral leadership and business ethics. In J. B. Ciulla (Ed.), *Ethics: The heart of leadership* (pp. 27-46). Westport, CT: Greenwood.

Gove, P. (1986). *Webster's Third International Dictionary*. Springfield, MA: Merriam-Webster.

Greenberg, J. (1987). A taxonomy of organizational justice theories. *Academy of Management Review, 12*, 9-22.

Greenberg, J. (1990). Organizational justice: Yesterday, today, and tomorrow. *Journal of Management, 16*, 399-432.

Greenberg, J. (1993). The social side of fairness: Interpersonal and informational classes of organizational justice. In R. Cropanzano (Ed.), *Justice in the workplace: Approaching fairness in human resource management* (pp. 79-103). Hillsdale, NJ: Lawrence Erlbaum Associates.

Greenleaf, R. K. (1977). *Servant leadership*. New York: Paulist Press.

Harris, S., & Lowery, S. (2003). *Standards-based leadership: A case study book for the principalship*. Lanham, MD: Scarecrow.

Hitt, W. D. (1990). *Ethics and leadership: Putting theory into practice*. Battelle Memorial Institute.

Hudson, J. (1997). Ethical leadership: The soul of policy making. *Journal of school Leadership, 7*(5), 506-520.

Kanungo, R. N., & Mendonca, M. (1996). *Ethical dimensions of leadership*. Thousand Oaks: Sage.

Katz, M. S., Noddlings, N., & Strike, K. A. (Eds.) (1999). *Justice and caring: The search for common ground in education*. New York: Teachers College Press.

Killen, M. (1996). *Justice and care: Dichotomies or coexistence?* (ERIC Document Reproduction Service No. EJ521441)

Kimbrough, R. B., & Nunnery, M. Y. (1988). *Educational administration: An introduction*. New York: Macmillan.

Lashway, L. (1996). *Ethical leadership*. (ERIC Document Reproduction Service No.ED397463)

Liddell, D. L. (1996). *Developing a bilingual moral voice: Balancing care and justice in the workplace.* (ERIC Document Reproduction Service No. EJ548582)

Lunenburg, F. C., & Irby, B. J. (2006). *The principalship: Vision to action.* Belmont, CA: Wadsworth.

Lunenburg, F. C., & Ornstein, A. C. (2004). *Educational administration: Concepts and practices* (4th ed.). Belmont, CA: Wadsworth.

Lyons, N. P. (1988). Two perspectives: On self, relationships, and morality. In C. Gilligan et al. (Eds.), *Mapping the moral domain* (pp. 21-43). Cambridge, MA: Harvard University Press.

Maxcy, S. J. (2002). *Ethical school leadership.* Lanham, MD: Scarecrow Press.

Moorman, R. H. (1991). Relationship between organizational justice and organizational citizenship behaviors: Do fairness perceptions influence employee citizenship? *Journal of Applied Psychology, 28*, 845-855.

Morris, M. (2002). Ethical challenges. *American Journal of Evaluation, 23*(2), 183-185.

Mowday, R. T., Porter, L. W., & Steers, R. M. (1982). *Employee organizational linkages.* New York: Academic Press.

Moxley, R. S. (2000). *Leadership & spirit.* San Francisco, CA: Jossey-Bass.

Nigro, F. A., & Nigro, L. G. (1989). *Modern public administration* (7th ed.). New York: Harper & Row.

Noddings, N. (1984). *Caring: A feminine approach to ethics and moral education.* Berkerly: University of California Press.

Peters, T. J., & Waterman, R. H. (1982). *In search of excellence: Lessons from America' best-run companies.* New York: Harper & Row.

Quick, P. M., & Normore, A. H. (2004). Moral leadership in the 21st century: Everyone is watching-especially the students. *The Educational Forum, 68*(summer), 336-347.

Rawls, J. (1975). A well-ordered society. *The Cambridge Review, February*, 94-99.

Rodger, A. R. (1995). Code of professional conduct for teachers: An introduction. *Scotish Education Review, 27*(1), 78-86.

Rosenblatt, Z., & Peled, D. (2002). School ethical and parental involvement. *Journal of Educational Administration, 40*(4), 349-367.

Schermerhorn, J. R., Hunt, J. G., & Osborn, R. N.(1991). *Managing organizational behavior.* New York: John Wiley & Sons.

Sergiovanni, T. J. (1992). *Moral leadership: Getting to the heart of school improvement.* San Francisco: Jossey-Bass.

Shapiro, J. P., & Stefkovich, J. A. (2005). *Ethical leadership and decision making in education: Applying theoretical perspectives to complex dilemmas* (2nd ed.). Mahwah, NJ: Lawrence Erlbaum Associates.

Smith, N. L. (2002). An analysis of ethical challenges in evaluation. *American Journal of Evaluation, 23*(2), 199-206.

Smith, S. C., & Piele, P. K. (Eds.) (1996). *School leadership: Handbook for excellence.* OR: Eugene.

Sockett, H. (1993). *The moral base for teacher professionalism.* NY: Teachers College Press.

Spears, L. (1998). *Insights on leadership.* New York: John Wiley & Sons.

Starratt, R. J. (1991). Building an ethical school: A theory for practice in educational leadership. *Educational Administration Quarterly, 27*(2), 185-202.

Starratt, R. J. (1994). *Building an ethical school: A practical response to the moral crisis in schools.* Washington, D.C.: The Falmer Press.

Strike, K. A., Haller, E. J. & Soltis, J. F. (1998). *The ethics of school administration.* New York: Teachers College Press.

Stufflebeam, D. L., & Shinkfield, A. J. (1985). *Systematic evaluation: A self-instruction guide to theory and practice.* Boston: Kluwer-Nijhoff.

Stufflebeam, D. L., Foley, W. J., Gephart, W. J., Guba, E. G., Hammond, R. L., Merriman, H. O., & Provus, M. M. (1971). *Educational evaluation and decision making.* Ithaca, IL: F. E. Peacock.

Summer, C. H. (1998). Reognizing and responding spiritual distress. *American Journal of Nursing, 98*(1), 26-30.

Tepper, B. J., & Taylor, E. C. (2003). Relationships among supervisor's and subordinates's procedural justice perceptions and organizational citizenship behaviors. *Academy of Management Journal, 46*(1), 97-105.

Trevino, L. K. (1986). Ethical decision making in organizations: A person-situation interactionist model. *Academy of Management Review, 11*(3), 601-617.

Twohey, D., & Volker, J. (1993). *Listening for the voices of care and justice in counselor supervision.* (ERIC Document Reproduction Service No. EI459053)

Victor, B., & Cullen, J. B. (1989). The organizational bases of ethical work climates. *Administrative Science Quarterly, 33*, 101-125.

Walker, A. (2002). Hong Kong principals' dilemma. In A. Walker & C. Dimmock (Eds.), *School leadership and administration: Adopting a cultural perspective.* New York: Routledge Falmer.

Warwick, D. P. (1981). The ethics of administrative discretion. In J. L. Fleishman & M. H. Moore (Eds.), *Public duties: The moral obligation of government officials.* Cambridge, MA: Harvard University Press.

Wimbush, J. C., & Shepard, J. M. (1994). Toward an understanding of ethical climate: Its relationship to ethical behavior and supervisor influence. *Journal of Business Ethics, 13*, 637-647.

Wooten, K. C., & Cobb, A. T. (1999). Career development and organizational justice: Practice and research implications. *Human Resource Development Quarterly, 10*(2), 173-179.

Yukl, G. (2002). *Leadership in organizations* (5th ed.). Upper Saddle River, NJ: Prentice-Hall.

Yukl, G. (2006). *Leadership in organizations* (6th ed.). Upper Saddle River, NJ: Prentice-Hall.

Zukav, G., & Francis, L. (2001). *The heart of the soul.* New York: Simon & Schuster.

附錄 1
教育行政倫理的問題與討論

●問題與討論一

　　「情、理、法」常是中國人處理問題的思維與方向，有學者認為行政過程應該以情待人、以理息爭、以法辦事（何福田，2006），您的看法如何？

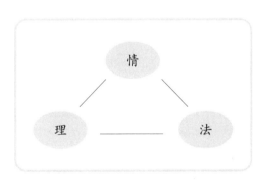

●問題與討論二

　　關懷取向與正義取向兩者有所不同，關懷倫理或關懷取向是以同理心來關懷成員的個別需求，而正義倫理或正義取向常是對事不對人，強調公平、法規與秩序（如附表 1-1 所示）。

　　依此而論，學校在處理不適任教師常面臨正義與關懷的兩難，請問您若是學校校長，在處理不適任教師時，您會是正義取向（但可能有黑函中傷）？還是關懷取向？還是在正義與關懷之間取得平衡？還是此事您有其他更好的處理方式？又，過去您或貴校在處理各種行政問題時有沒有類似正義與關懷的兩難經驗，您或貴校是如何處理？

　　此外，依台灣地區的校園文化，從事學校領導時您會如何看待正義倫理與關懷倫理？請分享您的觀點。

附表 1-1 道德推理的關懷取向與正義取向思考的區辨

1. 對人際關係的基本假設	人與人間是彼此依存、互賴、互相關聯與融合的。著重彼此間同等照顧的責任。	每個都是個別平等的人，人際是以規則相關聯，如契約、禮尚往來等。著重每個人有平等的權利與義務。
2. 對人世的關懷與愛的付出的性質	關懷人，只思及對人的好處，而不計自己的付出，超乎自己的義務。	關懷人，以其人應得的分，以此人有權要求的為範圍，把自己與人放在同等地位考慮。
3. 實踐的基礎	基於「自願」、「自動」，自主性高。以對人的理解、同感、同理於對方的立場溝通，維持良好關係等。	彷彿有外力的勉強「應該」如此。以權利、法條、公平、互惠、平等、尊重等規則來處理人際關係。
4. 實踐的範圍與方式	對情境敏感，會因時、地、人、事、境而改變施為。注重情境細節的相對性。	不論對任何人、在何時、何地皆應遵行，不因情境而變。故較不重視細節。
5. 生活中最常出現的場合	私人生活的世界，如親屬、朋友的關係。	公共事務的世界，如政府、商場、工作中關係。
6. 性別偏好	女性偏好。	男性偏好。

資料來源：整理自葉紹國（1996：278）

●問題與討論三

　　K. A. Strike、E. J. Haller 和 J. F. Soltis 在《學校行政倫理》一書中提供一個個案,該個案描述一位費老師經常藉由報紙的讀者投書欄,批評學校的缺失,並引發教育局長的不滿,造成案例中盧校長的困擾(謝文全等譯,2002)。

　　如果您是學校的校長,而貴校有教師經常向報紙的「民意論壇」投書,批評學校各種行政的不當措施,您會選擇依據最大利益原則,維護多數人的利益(如校譽),進而壓制教師的言論?還是選擇依平等尊重原則,選擇尊重他人的權利,進而尊重教師的言論自由?

　　此外,您所服務的學校,有沒有類似情事的發生?當時您或學校是如何處理的?若以結果論及非結果論來看(如附表 1-2 所示),當時您或學校所採取的處理方式,是傾向由結果論?還是非結果論?

附表 1-2　結果論與非結果論比較

	結果論 （consequentialism）	非結果論 （nonconsequentialisn）
相似名詞	目的論 效益論（utilitarianism） 最大利益原則（benefit ma-ximization）	義務論 平等尊重原則（equal re-spect）
主要內涵	1. 應作可以最大化良好結果的事情。 2. 以結果來判斷行為的對或錯。 3. 面臨抉擇時，最好的決定是對最多數人而言，能產生最大福利或最大善的決定。	1. 某種行動即是錯的（如殺害無辜），並且不只是因為帶來壞的結果才被視為錯誤。 2. 行為的對或錯，取決以行為本身所具有的特質和特點。 3. 尊重每位道德行動者及尊重他人的自由抉擇。
舉例說明	主張墮胎：認為墮胎可以帶來最好的結果，如可免除未婚媽媽的羞辱、免除學業或事業中斷。 應該說謊：病人檢查出重病，如果說謊可以帶來較好的結果（如不知病情比較快樂），結果論者不會認為說謊本身是錯的。	反對墮胎：認為殺害無辜的人類生命是嚴重的錯誤。 不應該說謊：非結果論者認為撒謊身本身即是錯誤的，病人有權利知道，即便是撒謊帶給病人更快樂或較好的結果。

資料來源：參考周伯恒譯（1999）、林火旺（2001）、謝文全等譯（2002）整理而成

●問題與討論四

　　有人說行政或管理就是修己、安人及理事。依此而論，平日教育行政人員宜以「德行倫理學」來修己，以「關懷倫理」來安人，以「正義倫理」來理事（如附圖 1-1），但許多教育行政或學校行政事務又常涉及兩難困境（dilemma），有些兩難問題必須在 A 案與 B 案之間擇一，有些則不必然是二元對立，必須考量各關係利害人及問題性質，做出圓融的處理。針對以上的敘述，請分享您個人的觀點，又過去您或貴校是否有倫理決定的成功經驗。

附圖 1-1

資料來源：筆者自行整理

案例

一　用棍子體罰學生

　　傍晚時分，有五名六年級學生跑到校長室，向李校長說該班體育吳老師打學生，李校長馬上召見學務主任，請他緊急了解情況並處理。

　　學生向校長及學務主任說明原由：早上第三節下課，陳姓學生因頭痛至健康中心休息，第四節上體育課時，體育吳老師看陳姓學生遲到二十分鐘，且未按規定穿體育服裝，就用棍子把陳姓學生的屁股打傷了。

　　校長請級任導師來了解狀況，同時也聯絡體育吳老師，但吳老師先行離校。級任導師到來，看見學生瘀青的屁股，當下與學務主任商量，由級任導師告知家長，並說明詳情須等待明天與吳老師進一步了解後，才能還原全貌。

　　當天晚上八點半，學生家長氣沖沖地到學校找校長理論此事。學務主任、家長會長、家長委員均到場安撫家長的情緒，同時一方面連絡導師，另一方面聯絡吳老師。

　　導師於半小時後趕到學校，但吳老師家中無人接聽電話，手機也整晚關機，無法聯繫。家長甚怒，要求明天校長須給個交代，否則上告吳老師。

　　第二天早上，校長找吳老師了解情況，吳老師說明如下：因為當時已經上課二十分鐘了，陳姓學生才姍姍來遲，說他為何遲到及為何

不穿體育服裝，陳姓學生不僅對老師的詢問置之不理，說話還帶髒字，因此用棍子打學生。吳老師當場向校長表示，家長要告就讓他去告。

校內同仁表示，吳老師一向很照顧學生，對學生是充滿著愛心，帶球隊也很認真，不管是教師或已畢業校友對他都是讚不絕口，是一位盡責和藹的好老師。

但是用棍子打學生就是不當的行為，中午家長即將到校興師問罪，身為校長真不知要如何處理才好？

二　校長的難題

周姓學生轉學至安安國中八年三班，但周生在班上的人緣很不好，不但經常會對同學言語挑釁，甚至於會做出攻擊同學的危險行為。

為此，周生的導師投入大量心力，除透過特教老師的協助輔導外，也希望班上同學能對轉學的周姓學生多加包容，而不要有排擠他的行為。雖然一開始同學也都很願意遵照導師的指示，盡可能對新同學表達友善，然而同學的耐性和愛心隨著一個月後班上同學遭受到他的干擾日多，而愈來愈低，甚至衝突事件頻傳，班上家長為此，經常到學校表達不滿。

某節體育課要分組進行籃球練習時，同學們紛紛拒絕與周姓學生同組，周姓學生當場情緒失控，立即衝回教室背書包、跑回家裡。周姓學生的家長認為學校從頭到尾都沒有妥善處理周姓學生的轉學生活適應問題，一氣之下告到教育局；最麻煩的是，周姓學生的親伯父是中央民意代表，從周姓學生轉入安安國中的第一天起，就對校長施以各種「關懷」，尤其是周姓學生跑回家事件發生後，周姓民意代表即向校長表達對此事的關心。

另一方面，家長會長及八年三班多數家長則希望周姓學生能趕快轉學，因為如果持續下去，將影響大部分同學的學習及一年後的升學

成績，家長會長並強烈表示，如果周姓同學不轉學，則在下次校長遴選將不支持校長留任。而周姓家長同時亦向校方表示堅持不轉學的強硬態度，並不惜要訴諸媒體報導學校的失當。

原本一件很單純的個案，竟然演變成偌大的風波，是安安國中教師及校長始料未及的。面對民意代表的壓力、不同學生的受教權、家長的抗議，校長下一步要如何好好走下去？

（本案例是由國立台灣師範大學 95 年度台北市中等學校校長培育班許水龍主任、張義清主任、陳俊男主任、黃麗芬主任、蕭穗珍主任提供。）

三 工友的考績

卓越高中學校考核委員會召開年終工友、技工工作考核會議時，總務處庶務組組長針對今年工友與技工同仁平時的工作狀況，提出平日的考核紀錄說明，並將相關紀錄之書面資料，印發給與會各委員，以做為參閱和佐證的依據。

庶務組長表示，張姓工友同仁，已有將近半年以上的時間工作態度消極、不配合，並且對於庶務組長的善意提醒，屢屢以較情緒化的態度回應。平日，張姓工友不是做交辦的事項，而是去做自己喜歡做的事，例如對於負責的操場除草及校園環境維護無關緊要，但卻熱衷於自己辦公室周邊的盆景美化。

庶務組長除了平時記錄外，亦請總務主任向人事主任反映，甚至於向校長表達這位令人頭痛的工友之工作態度。人事主任做了會多規勸他認真工作的回應；校長亦曾請庶務組長及總務主任至校長辦公室了解情況，並向庶務組長及總務主任提醒，陳姓工友的親戚是民意代表，小人勿得罪云云……。

在年終工友、技工工作考核會議中，庶務組長向與會各委員表示，張姓工友今年的工作績效宜提列為乙等。然另有輔導主任認為該

工友表現還不錯，過去張姓工友曾負責輔導室的清潔工作，頗為盡責。考核委員會請張姓工友至考核會議現場回覆說明時，他堅稱認真工作從未耽誤工作，他可以找人證明，並向委員舉證自己是因庶務組長對其有偏見而被誣陷冤枉的。

　　一般考核委員對工友的觀察總是較為浮面或模糊的，而張姓工友的說明是否真確？此時的考核委員頓時面臨兩難的判斷與選擇，亦即庶務組長雖然平時工作態度很認真，但會不會真的是對張姓工友有偏見或工作要求過高？如果考核委員憑感覺認為該工友說辭值得同情而多數認同他時，那對這位平時嚴以律己、實事求是的庶務組長而言，會不會影響其爾後的工友管理與督導；而如果相信庶務組長的意見，將張姓工友考績打乙等，會不會影響張姓工友的工作士氣，甚至於找民意代表關切？身為校長，在做最後的裁量時，應如何定奪？

（本案例是由國立台灣師範大學 95 年度台北市中等學校校長培育班李玉美主任、李芝安主任、許芳梅主任、楊明惠主任、龍竹琴主任提供。）

四　選錯邊的下場

　　教育現場常有一些不合理且令人氣餒的現象。一位優秀的老師不僅要有良好的教學技巧，更要有正確的教學態度，以身作則做為學生的楷模，並樂意為學生付出，如此在教育工作上才可獲得家長、主管及同仁的肯定，但事實並不是如此，有些教師雖然並沒有上述的作為，但在教育職場上一路順遂，其原因可能是背後有強大的支持，簡單來說就是選對邊了！

　　擔任教務處的Ｃ組長，每個星期只有幾堂課，是所有組長裡面課較少的，但常常上班時間不見人影，而利用下班時間加班工作，申請加班費，營造出很認真的假象，因此知道內情的同仁對她的風評並不是很好，但是每當她捅出婁子，校長總是替她出面解決，換成別人可

能下場會很慘吧！這或許跟她常常進出校長室，對賈校長必恭必敬有關吧！

　　擔任輔導室的 L 組長，也常常進出校長室噓寒問暖，還不時的幫賈校長準備早餐，她的手段相較於 C 組長真是有過之而不及，雖然正事做得不是很好，但總是能驚險過關化險為夷，賈校長還將她視為愛將，未來可能會被提拔為主任，許多老師及組長看在眼裡，真的很不是滋味。

　　相較於前兩位，T 老師的下場就比較不同了，T 老師對於賈校長領導風格及辦學理念比較不能認同，因此常常放炮，或私底下跟同事抱怨校長的種種，而這些話語常常會傳到賈校長耳裡，因此賈校長打從心裡將 T 老師視為眼中釘，就在一次的學期末前，帶完國中九年級的 T 老師，趁學生已經畢業，學校在等暑假的空檔，未經報備出國旅遊，校長得知此訊息後，立刻召開教評會記了 T 老師一小過，並且將他未經報備出國旅遊一事在校務會議公開提出，警告其他教師不得如此，看到 T 老師的下場，部分老師私下為 T 老師抱不平，並說如果是上述兩位組長，校長可能還會請他們幫忙買東西回來也不一定。

　　從以上的敘述，您覺得賈校長的行事作風如何？有沒有需要改進或調整？如果您是賈校長，您會如何對待同仁，讓大多數同仁肯定您的為人處事，進而發自內心地尊敬您。

（本案例由輔仁大學教育領導與發展研究所 97 級碩士在職專班研究生戴國維老師提供。）

五　青蛙跳的風波

　　平平國中因為升學成績一直不理想，所以鄰近國小成績較好的學生都遷戶籍到市區去就讀明星國中。平平國中向來學校只以管理學校秩序為第一優先要件，成績其次；學務主任 L 主任是當地的教育會會長，每天都喝得醉醺醺的來上班（因為應酬），往往升旗時罵個半小

時是常有的事，甚至都延遲上課時間，完全不考慮學生的受教權，他分內的工作總是欺負新人，由別人擔待，並且也用藤條打學生，也用手掌打學生的臉，可是他是當地的要角（頗有分量的人士），就連校長都畏懼他三分，更不用說家長了。學校並沒有教師會的組織，雖然家長也有來學校了解，但都無法解決此問題。

某日午休時間，八年二班剛好有幾位同學未進教室午休，在走廊走動，被學務L主任看到，L主任便很生氣叫全班出來罰站，並且命令風紀股長青蛙跳兩百下，於是風紀股長便安分的跳完那二百下。

晚上時，八年二班導師接到家長急促的來電，說孩子尿出血而且腳不能走路，看完診所，到了半夜，孩子腳痛得睡不著，馬上送往醫院，結果檢查出是必須緊急住院觀察；當下導師趕緊從家裡趕到醫院關心這名學生，還好孩子平安度過危險期，且在家靜養了兩天。

當這件事發生時，L主任並不認為他有錯，並說孩子有可能是因當天上體育課運動過量所引起的，而且也沒到學生家裡去道歉，使得這位家長非常不滿，已準備好醫院診斷證明打算投書媒體並提出告訴，這時L主任也不甘示弱，找來當地民意代表給這位家長施壓力。

事情演變至此，如果您是平平國中校長，在面對擁有地方權勢的主任與憤怒的家長，您會如何妥善處理此一青蛙跳風波？

（本案例由輔仁大學教育領導與發展研究所97級碩士在職專班研究生黃美花老師提供。）

六　高中生打架事件

吳姓男生在高一於參加社團活動期間，結識同年級的王姓男同學，兩人志趣相投，迅速成為無話不談的好朋友。升至高二，均被選為社團重要幹部，但兩人對社團的發展與活動辦理，常有不同意見，因而口角爭執漸多。某日王生與吳生再因社務起衝突，王姓學生進而毆打吳姓學生。主任教官即刻與雙方家長聯絡，經溝通協調後，雙方

家長及學生簽具切結書，王姓學生依校規記大過乙次，並不得再毆打吳姓學生。

事隔一週後，某日中午，雙方再因細故發生口角，於電腦教室旁之樓梯間，王生再次毆打吳生。教官除立即將吳生送往醫院診治驗傷外，當日下午電請雙方家長至校溝通協調，並轉知學校給與王生兩大過處分及輔導轉學之決議。王姓家長亦表示接受學校的決議，隔日即辦理轉學手續。王生轉學後，學校輔導室與教官室同仁，為避免吳姓學生在恐懼暴力之陰影下求學，將吳姓學生列為重點輔導對象。

兩週後，吳姓學生家長認為事件發生後，王姓家長不聞不問，乃至警察局報案，媒體記者得知相關事情，於隔日社會版加以報導，但內容多以家長之主觀陳述指控居多，對學校傷害甚鉅。

面對家長以訴諸媒體之手段，身為學校領導者應以何種態度面對，才能讓此事獲得圓滿解決？在學校教師與學生自媒體得知不利於校譽之言論時，學校應如何在保護受害者之原則下，將事件於校內澄清並進行教育？

（本案例是由國立台灣師範大學 95 年度台北市中等學校校長培育班唐慧文主任、陳春梅主任、程懷遠主任、廖錦聰主任、潘孝桂主任提供。）

七 教師進修

早期有關教師進修規定較多，而研究所班別也少，所以教師進修人口不多。隨著教育的改革以及人事的更迭，教育人員的能力與素質必須不斷的提升，才足以教育下一代的學子。面對教育改革的浪潮以及對教育人力素質的要求，各公私立大學廣開教育人員在職專班研究所，身在學校教育第一線的老師也希望藉進修以提升專業能力，而且還可因此提敘增加薪資，所以教師進修風氣逐漸普及，卻也因而造成一些問題。

　　○○國小有一位Ｃ老師擔任六年級導師，平時教學即備受爭議。去年考取某大學博士班，並依規定向學校人事室辦理每週一天公假前往進修，但當天課務必須自理，Ｃ老師考取博士班實屬不易，對其能力也是一種肯定。學校也樂見其成代為尋覓代課老師，但卻從代課老師身上得知Ｃ老師的班級經營馬虎，學生作業批改草率，老師專注於自己學業卻犧牲學生的權益。於是學校教務處隨即進行了解，抽查作業、加強巡堂並留意老師的差勤狀況，也確實發現有怠忽職守之情形，並引起校內老師及學生家長議論。

　　某日六年級校外教學，日期正好排在Ｃ老師進修時間，於是Ｃ老師請教學組找尋代課老師，帶領他班上學生參加校外教學，但由於短代難覓加上Ｃ老師的風評不佳，所以找不到代課老師。因此教學組請Ｃ老師自行解決代課問題或向研究所請假，Ｃ老師便口出惡言怒斥教學組長，當場在教務處交作業的學生面前展現負面教育。事後教務處對Ｃ老師的出缺席狀況即特別留意，察看其是否有因個人而耽誤學生學習及受教權被剝奪之情形，Ｃ老師也多踩在法律邊緣，即使同事或行政人員對其觀察結果一致認定為不認真教學，但似乎也拿他沒辦法，這也是當前學校處理不適任教師的難為之處。

　　從專業倫理的角度來看，您覺得Ｃ老師的做法有哪些需要改善之處？假如您是該校校長，您會如何在鼓勵教師進修與學生學習之間取得平衡點？

（本案例由輔仁大學教育領導與發展研究所97級碩士在職專班研究生吳春明主任提供。）

八 體育課事件

　　Ａ老師年約四十歲，在學校同事眼中是個個性耿直、仗義執言的人。五年嚴格的師範教育生活養成了他「肯吃苦，用心學」的信念，因此他認為學生就是要能吃苦才能成大器。在他擔任國小老師的這段

時間，他當過中、高年級的導師，帶班風格以嚴厲用心出名，頗受家長好評。此外，他也發揮所長，擔任過體育老師，期間也擔任籃球隊指導老師，曾帶領學生為學校爭取過不少好成績。

　　一年前，A老師擔任六年五班的體育老師，班上有幾名頑劣的學生，常常不認真參與課間活動，學習態度敷衍隨便，這對認真的他而言，簡直是無法忍受。因此，A老師常以口頭訓誡的方式，試圖讓這幾個學生能遵守上課秩序。或許 A 老師隨口而出的訓誡並不是很恰當，學生回家後將上課情形轉述給家長聽。某一個炎熱的下午第一節，又是六年五班的體育課，這天不知怎麼搞的，學生顯得躁動不安。尤其是平日那些常讓他口頭訓誡的孩子，更是囂張。A老師實在看不下去了，就隨手推了其中一位孩子的肩膀，並隨口說了：「沒看過像你這麼欠揍的學生！去撞牆啊！」說完就繼續當日的課程。

　　第二天一早到校，就被校長召見。校長說：「今天早上，教務處接獲一通家長的投訴電話，他說你昨天下午上體育課時『用力』的推了他兒子的肩膀，並且用『不堪入耳』的話當眾羞辱他的孩子，還好他的小孩很聰明，已經把你昨天上課說的話都用 MP3 錄下來了，他已經帶小孩去醫院驗傷了。他還說學校若不好好給他一個交代，他就找立委召開記者會！」A老師一聽，當場傻眼，他怎麼也沒料到自己隨口而出的一句話竟掀起這麼大的波瀾；也沒料到隨手輕輕的碰了那孩子的肩膀，孩子竟然需要到醫院驗傷；更讓他心寒的是那孩子竟然暗藏MP3，錄下他上課時罵人的話，莫非這孩子是蓄意惹火他，難怪昨天的上課氣氛很詭異，這一切的一切都發生得太突然了，A老師一時之間反應不過來。校長的話喚醒了他：「A老師，我們相信你是個好老師，絕對不會故意做出傷害學生的舉動。請你詳述一次昨天上課的情形，讓我們來想想看怎麼解決比較好，站在學校的立場當然希望能私下和解，千萬不能讓這件事鬧到要上報。」校長、教務主任聽了A老師的陳述之後，馬上聯絡科任學年主任、家長會長以及教師會會長一同前來共商對策。因為學生握有錄音證據及驗傷單，對A老師實在非常不利。接著，校長親自打電話邀請學生家長和那位學生到校長

室做進一步的懇談。家長從頭到尾就是一直指責A老師的不是,還威脅恐嚇要告他。無論在場的其他人如何勸解,家長就是執意要A老師當面道歉,並要求學校一定要對他做出懲戒。在協調無效的情況下,A老師在眾目睽睽之下向家長和學生道歉,承認自己的管教失當,而學校為了安撫家長,在A老師的獎懲記錄上記了「一支小過」。

這件事總算平息下來,但A老師的內心卻蒙上一層揮之不去的陰影,他自認是一位用心教學的老師,卻落得如此不堪的下場,大家在不了解整個教學脈絡的情形下給他定了罪,但更讓他害怕的是這孩子的手法太高明了,是否是蓄意激怒他,顯然大家都避重就輕,將孩子的錯誤部分給忽視了。

上述體育課事件,您覺得學校的處置適當嗎?假如您是該校校長,您會如何讓A老師重拾教學熱情,並藉機教育學生?

(本案例由輔仁大學教育領導與發展研究所97級碩士在職專班研究生吳春明主任提供。)

九 恐怖的一年一度職務分配

每年到了四、五月的時候,是林肯國小教師們填選下年度職務的時刻,教務處依照往例發下選填職務表,讓每個教師都可以按照志願填選自己理想職務的前三志願,但依照往例選填志願也只是一種形式上的民主,不代表任何意義,因為真正的職務的決定權掌握在S校長手上;所以每年四、五月的時候,教師們總是人心惶惶,不知哪一個人是這學期S校長開刀的對象,每年教師職務分配,總有令人意外百思不解的大驚喜發生,因為通常在校長發布職務前是不會詢問老師的意見及意願。

W教師是二年級資深的教師,在學校教二年級也有十幾年的時間了,但他卻如何也沒想到,今年職務一發布,W教師成為五年級級任老師,不僅全校同仁譁然,他自己更是不敢相信,從來沒教過五年級

的他竟然要教五年級，所以在發布之後，W老師立即找了二年級學年主任去跟校長討論職務分配的問題。A教師是四年級中生代很優秀的一位老師，原本是四年級學年主任的他，一直認為理所當然會分配到三年級繼續任教，因此對於困擾大家的職務分配並沒有影響到他，但校長發布的職務是A老師下學期為一年級級任，令同事是驚訝不已，A老師更是當場淚灑會場，於是同樣的戲碼再度上演，A老師請求學年老師去跟校長說情，希望可以回到三年級教書。C老師是六年級很優秀的老師，在六年級任教多年，對學校事務一向都相當配合，因此對職務分配一點也不擔心，同樣事件又發生了，C老師被分配到三年級，雖然他沒說什麼，但是看得出來心情並不是很好，後來六年級的老師們很團結的一起去找校長懇談，希望校長重新考量。

　　如果您上述是林肯國小的校長，您會如何處理一年一度的職務分配，使學校教師們能安心工作並提升教學品質。此外，請從組織正義的觀點，闡述國民小學如何做好職務編排及分配。

（本案例由輔仁大學教育領導與發展研究所97級碩士在職專班研究生戴國維老師提供。）

十　數理資優班的代價

　　華盛頓國中是一所以升學著名的國中，社區家長爭相將孩子送到華盛頓國中就讀，其中學校的數理資優班更是家長的首選，因為每年數理資優班的學生幾乎一半以上考上第一志願高中；另一方面，歷年來數理資優班學生參加科展亦為學校贏得不少獎牌，數理資優班似乎已成為華盛頓國中的招牌與特色。

　　所以，歷年來學校校長及主任都非常重視數理資優班，因此將各種資源投入於數理資優班的經營，例如帶班的導師及各科目的任教教師都是學校最優秀的老師，數理資優班的學生同時也享受學校最好的教室及實驗室設備，而且學校在經費運用上也以數理資優班為優先。

　　然而數理資優班的背後，卻往往犧牲其他學生應該擁有的教育資源，例如師資及經費的分配，雖然有些家長也會提出抗議，但大都會被校方擋回去，學校的教師也曾向教務主任表達各班師資應該考量重新分配的意見，但教務主任表示數理資優班可吸引學區國小優秀學生前來就讀，如果沒有好好加強，學校的入學率可能會降低，因此犧牲一下非數理資優班學生的權益也是無可奈何的事。

　　在少子化社會及家長教育選擇權高漲下，學校經營往往要有特色才能吸引學生前來就讀，是故學校領導者常面臨學校特色發展與教育資源分配的兩難，如果您是校長，您會如何處理學校特色與資源分配不均的問題？又，當少數學生與多數學生的權益衝突時，您會如何處理？卓越與平等兩者往往是對立衝突的價值，當面臨卓越與平等之價值衝突時，您會如何做出明智的教育行政倫理決定？此外，您會如何看待國中教育階段升學主義掛帥的問題？

十一　下一任是誰

　　H主任這一學期即將從卓越高中屆齡退休，下一任教務主任的人選成為學校同仁矚目的焦點。T組長是學校的資深教師，擔任教務處教學組長已經有十多年之久，沒有什麼特別作為，但平時與地方民意代表、社區有力人士建立良好的互動關係，T 組長知道 H 主任要退休，私底下曾向校長表達願意接任的意思，且透過對校長遴選有影響力的民意代表及家長會長，在校長面前替他爭取主任一職。

　　教務處 B 組長擔任註冊組長僅兩年，年紀輕輕但行政能力表現相當出色，註冊工作不斷創新求變，贏得教師的一致肯定，是教務處的行政大將，有幾位老師表示如果由 B 組長來擔任教務主任，相信學校教務工作一定會有一番新作為、新氣象，畢竟教務處是學校的重要單位，必須由一個願意做事且有能力的人來擔任主任。與 B 組長是好朋友的 S 老師說，B 組長雖然沒有向校長表達意願，但校長若請他接任主任，他是會接受的。

已經快要學期末了，新的人事命令也要盡快發布，如果您是卓越高中的校長，您會任命 T 組長或 B 組長為教務主任？您的考量因素及決定理由為何？

十二 揭發弊端

日日國中是一所新設立的國民中學，校長、行政人員與教師都兢兢業業企圖把這所學校辦起來，但負責學校大樓建築的總務主任卻與建商有不當的往來，更有收取回扣及圖利廠商之情形，這些違法事情學校其他成員並不知情，總務處出納組 C 組長卻知道這一回事且掌握具體證據。

C 組長心裡上陷入兩難，如果舉發總務主任的不當行為，不僅會讓總務主任吃上官司，更會影響學校校譽及未來的招生，但若不舉發則對不起自己的良心，且也有可能因總務主任收取回扣而影響學校建築品質。

如果您是 C 組長，您會選擇揭發弊端還是選擇沉默？您這樣決定的理由是什麼？

十三 名師體罰學生

就讀國中八年級的阿宏，成績平平，做事負責。阿宏數學不好，期許在新學期的數學名師 F 老師的教導下，能夠進步。學期開學幾週後，數學老師即展開「霹靂手段」，有一天數學老師發下前日數學小考的考卷，同時也將藤條拿起來，告訴同學不要以為學校是零體罰，就不打學生，那就錯了。阿宏考得不好，數學老師邊罵邊打、愈打愈兇，阿宏就在數學老師沒有節制的情況下，手心被打成瘀血以至於腫脹到血快要流出來！

阿宏痛到不行，手根本無法寫字，於是到健康中心拿冰塊敷手心，健康中心冰塊已經被拿光，阿宏於是去找導師看是否有藥可先止

疼，導師見到阿宏的手，非常生氣，想要找數學老師理論，但是阿宏不想被數學老師認為是打小報告，於是阻止導師的衝動。

但是導師不忍心學生受到如此對待，就向學生事務處主任報告此事，並且提醒學務主任，學生可能會回去告訴家長，於是學務主任即刻去教師辦公室提醒數學老師這件事。沒想到這位數學名師，非常憤怒，大聲說：「這幾年為學校賣命，犧牲假日不說，每天晚上一定陪學生讀書，打學生本來就是學生同意的，學校沒有感念其辛苦，反而怪罪，感到非常委屈！」並且說：「如果家長要告就告，沒有什麼好怕的，學生本來就是不打不成器。」

再者，數學老師得知是導師告訴學務主任，於是在辦公室兩人互相叫囂。F名師在學校本來就大牌，且也是學校教師會的創會會長，以其名氣，認為學校應該讓三分，但是學務主任來告知此事，表示偏袒導師。

幾位與導師關係不錯的老師知道這件事後，認為F老師不對，當天群起聲援導師，但F老師原本就是學校的資深教師，也有一些死忠的老同事，於是，辦公室形成兩路人馬互相指責。當天下午兩群教師即為此事鬧到校長室，如果您是校長，您會怎麼處理，以平息這場風波？

（本案例由國立台灣師範大學公民教育與活動領導研究所博士班研究生嚴秋蓮老師提供。）

十四　校長大？人事大？

人事和主計是公務系統中的「一條鞭」，在學校中自然也是如此。學校中的行政人員如主任、組長多由教師兼任，但人事和主計由縣府派任，自然有種來監督學校行政的感覺，為求學校經營順利，連校長都不得不委曲求全。

A校長調任至W國小此已有三年，平日他重公關，與地方社區

關係都不錯，也頗能爭取經費，「以和為貴」是A校長秉持的作風，有家長申訴時，他也總能運用關係幫老師擺平，算是一位稱職的校長，但唯獨對人事和主計卻是令他頭疼不已。縣政府因組織再造採人事主計集中辦公的政策已數年，聯合辦公經費是否有節省尚且不論，但在行政效率上卻一再的受到校長們的批評，校長會議上諸多校長希望人事主計能回歸學校，但卻難見其成行。

每學年應統計下一年度的人事經費時，縣府來公文要在限期內完成預估，校長因人事掌管全校教職員工有關之事物，將公文批給人事，但人事卻推說他不管「錢」的問題，將公文退給文書，文書請校長重批，校長改批給主計，主計說他不知新年度的人事安排而無法估計，再退給文書，這樣一份公文來來去去的戲碼，每年都上演，往年公文最後會到可憐的教師兼出納組長身上，再由出納協商人事和主計而完成報表。A校長明知這樣程序不對，卻因以和為貴也隱忍多年，對人事主計完全沒有控管的裁決權。今年舊戲碼又再次上演，A校長在文書拿回被退之公文時，難忍氣憤地自己收了公文，並在公文上批上「相關人員自行負責」之字樣，於是文書又將公文送回了給人事……。

校長是否有公文的裁決權？屬公務系統的人事、主計是否應「聽令」於校長？校內事務是否有人做就好，而不管程序如何？請分享您個人的看法，並提出解決策略與方式。

（本案例由國立新竹教育大學教育學系博士班研究生林麗娟老師提供。）

十五　校長的難為與應為

位於直轄市的S國小隨著社區的發展逐漸成為中大型學校，教師人數超過一百人，但學校地下停車位也只有三十幾個，造成僧多粥少的情形。因此，每學年抽車位時幾乎都是戰況激烈，稍有不慎即可能

引發教師間或教師與行政間的衝突。

　　Ａ校長調任到學校後，認為主任跟著一起抽籤，常可能沒有車位，也造成主任外出洽公之不便，極欲保留處室之公務車位，以便利主任們外出洽公方便。於是校長交命於總務處制定新的停車辦法，新辦法中聲明學校為公共財產，因以學校公務之用優先，除校長車位外，應有「公務車位」之設置。但此法遭到眾多教師反對，更有教師在會議中咆哮：「我們來上班也是公務啊！」人事主任聲稱校長可有裁決學校財產之權，但校長以學校和諧為理念，致使未出爐的新停車辦法胎死腹中。

　　另外，Ｓ國小在建校之初，因地處城市邊緣，因此校中有單身宿舍的設置，一些老師一住就是好些年，直到結了婚才搬走。Ａ校長在上任時即命宿舍只能出不能進，但剩下幾位老師因為空間變大，愈住愈舒服，自然也不會搬走。在 Ａ 校長即將任滿第二任時，很想將宿舍收回，以空屋交給下一任校長，於是交命總務處的組長，與住宿舍的老師開會，以一年換約一次為準，並在校長期滿時搬走，這當然引起相當大的反彈，總務處的主任組長苦口婆心勸導，但都沒用。宿舍的老師代表們堅持和校長面談，其中有位代表還是現任教師會會長。

　　從以上所述可知，校長常會面臨一些應為與難為的行政問題。如果您是Ｓ國小的校長，您會如何處理上述之停車位及單身宿舍問題？

（本案例由國立新竹教育大學教育學系博士班研究生林麗娟老師提供。）

十六　教官遇缺不補的兩難

　　國立展望高中的教官是管理學生秩序的重要人物，最近甲教官因事受到稽查單位的申誡，甲教官認為是乙教官搞鬼，才會造成這件事，於是耿耿於懷。有一天，甲教官的軍訓教科書被撕碎，甲教官憤怒異常，認為是乙教官做的。於是甲教官告到學務主任，同時表示不

是乙教官走人，就是他離開。

學務主任對於甲教官與乙教官的不睦，長期以來就很不舒服，因此藉此告誡甲教官做人要厚道，沒有證據不能指鹿為馬，甲教官認為學務主任無能，沒有正義感。

於是這件事鬧到台面上，校長生氣之下說：「如此鬧下去，兩人都不要。」學期末，乙教官申請轉調成功。甲教官根本沒有申請離開，對於乙教官離開，感到得意洋洋，在學校更是目中無人，對於校長及主任的指示常是置之不理。

學校行政主管觀看甲教官的行徑，警覺到應該要換教官，但是教育部已經公布教官遇缺不補的訊息，在此情況下，學校的學生那麼多，少一個教官是很大的損失，但另一方面，又受不了甲教官，於是形成兩難的局面，如果您是校長，您認為怎麼做最好呢？

（本案例由國立台灣師範大學公民教育與活動領導研究所博士班研究生嚴秋蓮老師提供。）

十七 他該怎麼辦？

A老師進入教育界甫服務三年，總務主任看重他的工作熱情與積極態度，便邀請他擔任事務組長一職，A老師欣然接受。於是總務主任因著有A老師的協助，大小事情多委由他處理，A老師如魚得水，覺得自己的工作能力可以充分發揮，而甚覺滿意，所以 A 老師每天總是歡歡喜喜的面對著看似永遠做不完的工作，並對總務主任有著感恩之心。

近來學校接獲一筆捐款，指明要購買圖書，大家都知道，這筆捐款對一間鄉下學校可是莫大的助益；在如此的氛圍下，教務主任又表示，教務處近來較忙，希望 A 老師多協助購書部分的工作，而 A 老師也認為，若教務處忙，同仁間工作相互支援理所當然，於是就答應了這項請求，何況捐款得來不易，理應妥善應用、把錢用在刀口上；

而平日 A 老師對自己理財能力、購物比價等常引以為傲，要買到合適學生閱讀且價錢適宜的書，包在他的身上絕對沒有問題。A 老師就開始了他的採購工作，第一步當然要廣泛蒐集資料。

A 老師不斷的與各個書商接洽，希望透過資料的蒐集與比價的過程，可以購得適宜又價廉的書籍。看來，一切似乎都那樣的順利，但這時候總務主任與教務主任兩人在總務處找來 A 老師，暗示 A 老師某個書商是學校家長會長，如果能夠向他購買也許折扣會較多，並說校長也表示如果在合法範圍內盡量向家長會長購買，但事情並不如總務主任及教務主任所言，事實上還有另一家廠商比家長會長所開出來的條件還好。

此時 A 老師陷入兩難，書籍是要向家長會長購買？還是向其他較適宜的書商購買？如果您是 A 老師，您會如何面對這個事情？

（本案例由台北市立教育大學教育學系博士班研究生張乃文主任提供。）

十八　大風吹──吹什麼？

關主任擔任大大國小的學務主任，外形壯碩與社區互動良好，平日與市代、議員交情頗深，建立起許多人脈；葉校長就任以來舉辦許多活動，對外募款皆仰賴關主任的協助，有些私下的應酬，校長委請關主任代理，從不見其推遲，任勞任怨；反觀教務王主任擔任教務工作一年來，屢屢出包，曾因減課名單引起風波，後又有家長向校長抱怨曾向教務主任反應班級老師上課不在，全班鬧哄哄情形，卻遲未獲教務主任之回應，揚言要找民代、報社來校，使得校長改派關主任處理，事情才得以圓滿結束。

期末，葉校長試圖學校求新，於是利用主任會議時，討論到各處室主任即將服務滿兩年，是否該輪動，並告知輪動目的是讓主任們更有歷練之機會，以利未來考取校長，而輪動之原則在於「不回任」。